Tückische *Krebse*

In der Reihe Eichborn. *Astrokrimis*
sind 12 Bände erschienen:

Tödliche Widder
Erbarmungslose Stiere
Gefährliche Zwillinge
Tückische Krebse
Mörderische Löwen
Eiskalte Jungfrauen
Rätselhafte Waagen
Mysteriöse Skorpione
Geheimnisvolle Schützen
Kaltblütige Steinböcke
Dunkle Wassermänner
Skrupellose Fische

Tückische *Krebse*

Mit Geschichten von:

Jan Eik
Andrea C. Busch
Stella Duffy
Saskia Betula
Verena Mahlow
Frank Ronan

Eichborn.

Die Reihe Eichborn. *Astrokrimis*
wird herausgegeben von

Thea Dorn
Uta Glaubitz und
Lisa Kuppler

Gesamtlektorat: Oliver Thomas Domzalski

Die Deutsche Bibliothek – CIP-Einheitsaufnahme

Tückische Krebse / Hrsg.: Thea Dorn. – Frankfurt am Main :
Eichborn, 2000 (Eichborn Astrokrimis)
ISBN 3-8218-0795-X

Umschlaggestaltung: Moni Port unter Verwendung eines
Gemäldes von Frans Snyders »Die Fischhandlung« (Staatl.
Puschkin Museum für bildende Künste, Moskau)

Satz: Fuldaer, Verlagsagentur, Fulda
Druck und Bindung: Milanostampa, Italien
ISBN 3-8218-0795-X

Verlagsverzeichnis schickt gern:
Eichborn Verlag, Kaiserstr. 66, 60329 Frankfurt
www.eichborn.de

Inhaltsverzeichnis

Jan Eik

Ein typischer Krebs

Lange bevor Wanja Heckholzhauser erfuhr, was ein Krebs ist, wußte er, daß er einer war. Noch dazu ein typischer. Seine Mutter konnte es gar nicht oft genug wiederholen: ein wenig resignierend in Gegenwart ihrer Freundinnen, ihr tragisches Schicksal beklagend gegenüber der eigenen Mutter, Wanjas Oma Friederike, oder vorwurfsvoll gegenüber dem Vater, solange es den noch gab, und als sei der daran schuld wie an allem übrigen.

Als Wanja alt genug war, um zu erkennen, daß es sich beim Krebs um ein rötliches Tier von unbestimmbarer Häßlichkeit handelt, verstand er um so weniger, weshalb ausgerechnet er einer sein sollte, während die Mutter eine Waage war und den Vater als alten Bock beschimpfte, ein typischer Widder eben, wie sie auf Wanjas bestürzte Nachfrage hinzufügte.

Wenn du groß bist, wirst du es verstehen, fügte sie hinzu, und obwohl Wanja ungewöhnlich schnell wuchs, verstand er vieles nicht. Zum Beispiel, weshalb die Eltern sich scheiden lassen wollten.

Ich habe es von vornherein gewußt, lautete der Kommentar der Mutter, Waage und Widder sind astrologische Gegenpole. Warum sie ausgerechnet ihren Gegenpol geheiratet hatte, erfuhr Wanja nicht. Der Vater zog es vor, sich nicht zu äußern. Er war überhaupt nur noch selten zu Hause. Zum ersten Mal in seinem jungen Leben schlief Wanja schlecht, pinkelte ins Bett und wollte nichts essen.

Einige Zeit später stürzte ihn der Tod von Oma Friederike in eine neue tiefe Krise. Tagelang war er nicht ansprechbar und ging allen Erwachsenen aus dem Weg. Er aß noch schlechter als sonst, und im Traum erschien ihm die Großmutter mit merkwürdig verunstalteten Gliedmaßen. *Du bist ein Krebs*, flüsterte sie und klapperte mit den scherenartigen Händen vor seinen Augen. Schreiend erwachte Wanja.

Ich will kein Krebs sein! wimmerte er in den Armen der Mutter.

Oh doch, versuchte sie ihn zu beruhigen. Du bist mein süßer kleiner Krebs. Siehst du nicht das krumme Schwänzchen?

Auch später, als er längst wußte, wie die Krebstiere mit dem Sternzeichen zusammen- oder vielmehr nicht zusammenhingen, konnte er nicht über die Geschichte lachen. Sooft die Mutter sie erzählte, beschlich ihn ein ungutes Gefühl, und das Wort *Krebs* hing wie eine düstere Drohung über ihm.

Inzwischen hatte er auch erfahren, weshalb er ausgerechnet Wanja hieß. Ein ausgesprochen bescheuerter Name, wie er fand, und die meisten seiner Mitschüler waren derselben Meinung. Er war am Johannistag geboren, eben an *Johanni*, wie die Mutter sich ausdrückte, dem 24. Juni. Ein Tag, dem seit jeher eine mythische Bedeutung zukam. Deshalb hätte er eigentlich Johannes heißen sollen oder wenigstens Hans, aber das hatte der Vater zu verhindern gewußt. Jan war der Oma, die ja inzwischen tot war, zu holländisch und Iwan viel zu primitiv und russisch, Jean wäre dem Andenken des Großvaters, der in Frankreich gefallen war, nicht angemessen gewesen, Jack und John klangen wie amerikanische Gangsternamen, und so hatte niemand ernsthaft diesem albernen Wanja widersprochen, das ihm sein Leben lang anklebte und sich nicht einmal zu einer Koseform verkürzen ließ, weil es schon eine war.

Seine Klassenkameraden machten es sich leicht und verkürzten den endlosen Familiennamen. Statt Wanja Heckholzhauser hieß er einfach *Hecki.* Empört wandte sich die Mutter an die Lehrerin. Aber die hieß Schabrowski und litt unter den Verballhornungen des eigenen Namens.

Die Mutter hatte ihren Mädchennamen in die kurze Ehe eingebracht und hieß Heckholzhauser-Beselich. Nach der Scheidung wollte sie *Beselich* auch für Wanja durchsetzen. Der wehrte sich standhaft, erwartete er doch nur neuen Kummer von einem neuen Spitznamen. An Hecki hatte er sich inzwischen gewöhnt.

Sein Verhältnis zum Sternzeichen *Cancer*, dem 4. Zeichen im Tierkreis, blieb indifferent. Im vielbändigen Lexikon, in dem er nach etwas ganz anderem gesucht hatte, las er, daß es sich um einen Haufen von 83 Sternen minderer Größe handle, darunter die Krippe und unter einer Gruppe sehr naher Sterne der nördliche und südliche kleine Esel. Und als genüge das nicht, stand da noch: Mythologisch: Der unter die Sterne versetzte große Krebs, von Hera abgesandt, Herkules beim Kampf mit der lernäischen Schlange in den Fuß zu kneifen, wobei er zertreten wurde.

Wanja, oder vielmehr Hecki, schüttelte sich. Zu den Krebsen als Tiergattung hatte er ein gestörtes Verhältnis. Solange er sie nur als bunte Abbildung in Bilderbüchern betrachtete, hielt sich seine Abneigung gegen das Getier in Grenzen. Er besaß keine Vorstellung davon, wie groß so ein Vieh sein mochte, und es beruhigte ihn zu erfahren, daß es im Wasser nur höchst selten anzutreffen sei. Es schwimme außerdem rückwärts, verstehe allerdings mit seinen Scheren zu kneifen, wie er bereits aus der Mythologie wußte.

Als ihm an einem warmen Sommerabend im Uferbereich eines trüben Berliner Gewässers ein handlanges, bräunliches und seltsam eckig dahinkriechendes Ekeltier begegnete, wandelte sich sein Widerwillen in blanken Abscheu, der sich noch steigerte, als die Mutter von leckeren Krebsmahlzeiten zu erzählen begann. Rotgesotten, so schwärmte sie; man müsse den Panzer knacken, um an das zarte weiße Fleisch zu gelangen. Ekelhaft.

In einem Naturführer informierte sich Hecki über die Unterklasse der Malacostraca, der höheren Krebstiere mit ihren 18 000 Arten in 13 Ordnungen, deren markanteste einheimische Vertreter zwischen widerwärtigen Webespinnen und abstoßenden Tausendfüßern aufgeführt waren, und erkannte zu seiner Bestürzung die nahe Verwandtschaft von Gemeinem Wasserfloh, Karpfenlaus und Kellerassel – ein besonders unappetitliches Tier – mit den Flußkrebsen, zu deren Nahrung Aas gehört!

Von Stund an hielt sich Hecki, der bis dahin Fischstäbchen zu seinen Lieblingsgerichten gezählt hatte, vom Genuß allen Wassergetiers fern, aus Furcht, die Mutter könne ihm das ach so leckere Krebsfleisch unterschieben, wie sie es einst mit den Keulen des letzten Kaninchens aus Oma Friederikes Zucht getan hatte, die ihm als Brathähnchen auf den Teller gelegt worden waren, worüber sich die Urheberin der Untat noch Jahre später vor Lachen schier ausschütten wollte.

Dennoch und trotz einer latenten und im Laufe der Jahre wachsenden Furcht vor der heimtückischen Krankheit gleichen Namens: Er selber war und blieb ein Krebs. Das war so unabänderlich vorgezeichnet wie eine Erbkrankheit oder wie sein Charakter.

Was immer er tat, was ihm auch widerfuhr – seine Mutter sah ihn je nach Gegebenheit entsetzt oder lächelnd, zweifelnd oder beruhigend an und sagte: Du bist eben ein typischer Krebs. Empfindlich und anpassungsfähig, aber ein vornehmes Gemüt. Zwei Schritte vor und einen zurück.

Selbst seine Krankheiten waren die eines Krebses. Schon früh litt er an gelegentlicher Übelkeit, in Bussen und Flugzeugen übergab er sich mitunter, was seine Mutter nicht zu beunruhigen schien, schließlich sei der Verdauungsapparat bei den Krebsen eben besonders anfällig. Vergebens hatte der Vater ihr zu erklären versucht, daß für derlei Übelkeit eher das Gleichgewichtsorgan zuständig sei. In diesen wie in den meisten anderen Fragen blieb die Mutter eine unbelehrbare Autorität. Und obwohl sie als eine Waage ja stets um die ausgleichende Abwägung aller Dinge bemüht sein mußte, hatte sie sich, noch bevor der Sohn die Schulreife erlangte, entschlossen, die Besserwisserei nebst etlichen anderen nachteiligen Eigenschaften ihres Widder-Mannes nicht länger zu ertragen.

Der Vater ließ sich schnell von einer jungen Löwin mit herrlich blonder Mähne trösten, die Hecki insgeheim sehr gefiel, bald jedoch, ebenso wie der Vater, aus seinem Leben verschwand. So blieb er notgedrungen ganz auf die Mutter fixiert, was wiederum für Krebse typisch ist, wie sie ihm liebevoll erläuterte. Sie las oft in astrologischen Ratgebern und forderte auch den Sohn auf, sein Wissen auf diesem Gebiet zu vervollkommnen, was der jedoch hartnäckig verweigerte. Für sein Wissen tat er ohnehin zu wenig. Obwohl Krebse als begabt, fleißig und ehrgeizig gelten, kam bei ihm keine dieser Eigenschaften so recht zum Ausbruch. Mit einiger Mühe hielt er sich im unteren Mittelfeld der jeweiligen Klasse. Er war nicht viel fauler als andere, aber eben auch nicht intelligenter, sosehr seine Mutter gerade diesen Wesenszug an ihm beschwor.

Krebse sind hervorragende Ärzte, belehrte sie ihn, und verwies beispielsweise auf Ignaz Semmelweis, den Retter der Mütter, dessen Biografie ihm indes ebenso gleichgültig blieb wie die Bücher der Autoren, die ihm seine Mutter als leuchtende Vorbilder anpries. Die Fabeln eines Herrn Lafontaine ödeten ihn ebenso an wie die langstieligen Ergüsse von Ricarda Huch oder Hermann Hesse. Auch ein gewisser Kafka war nach ihren Angaben ein geborener

Krebs, den sie ihm vergeblich schmackhaft zu machen suchte. Sie gab ihm einen Brief an dessen Vater zu lesen. Nach dem dritten unverständlichen und mit altmodischen Wörtern gespickten Satz gab Hecki auf.

Eine andere Geschichte von diesem Kafka begann damit, daß jemand sich eines Morgens unversehens als ein ungeheures Ungeziefer mit flimmernden Beinchen im eigenen Bett wiederfindet. Hecki hatte etwas gegen Käfer und jede Art von Kerbtieren und warf das Buch zu den alten Zeitungen.

Er las – von gelegentlichen Ausflügen in Lexika oder andere Nachschlagewerke abgesehen – am liebsten handfeste Stories von Jerry Cotton oder Perry Rhodan. Die Hefte durften seiner Mutter nicht unter die Augen kommen. Immer wieder versuchte sie ihn für die Themen zu begeistern, die seinen Anlagen entsprechen mußten. Die Familiengeschichte zum Beispiel. Krebse werden häufig Geschichtsforscher und begeistern sich für das Ahnenerbe. Interessierte er sich denn wirklich nicht für den Pfarrer Johann Theobul Beselich, der im Jahre 1813 todesmutig den Franzosen entgegengetreten war, als sie sein Gotteshaus durch ein Trinkgelage zu entweihen suchten? Oder für Oma Friederikes Mann, der beim kaiserlich-hohenzollernschen Hoffriseur und Perückenmacher seine Lehre absolviert hatte?

Vom Vater hatte Hecki mal gehört, einer der Vorväter sei im Gefängnis gestorben. Das interessierte ihn schon eher. Die Mutter jedoch bestritt, daß es jemals einen solchen Menschen in der Familie gegeben habe – nicht einmal in der des Vaters, bei dessen bloßer Erwähnung eine scharfe Falte ihre Stirn verunzierte.

Was die mangelnde Intelligenz angeht, scheinst du allerdings nach deinem Vater zu geraten, entfuhr es ihr einmal, als Hecki – so nannte sie ihn, wenn sie ihn sanft tadeln wollte, und das wollte sie häufig – mit dem üblichen schlechten Zeugnis zu Hause anrückte.

Und weshalb hast du einen solchen Trottel geheiratet? erkundigte er sich seelenruhig. Er widersprach ihr nicht oft, aber was zuviel war, war zuviel.

Drohend hob sie die Hand. Ihn zu schlagen, wagte sie nicht mehr, seit er sie um Haupteslänge überragte. Er war kräftig, ja mehr als das; er hatte das Gewichtheben als eine ihm angemessene Sportart entdeckt und ging dreimal in der Woche zum Training. Na schön, die Kumpels dort waren nicht gerade Professoren und Geistesriesen, aber ihre Kameradschaft war ihm allemal sympathischer als die gegenseitigen Stänkereien der Gymnasiasten, neben denen er in der Grundschule gesessen hatte und die er immer seltener traf.

Auch in einem Handwerk kann der Krebs seine vorhandenen künstlerischen und schöpferischen Fähigkeiten verwirklichen, hoffte die Mutter. Mit deinen Zensuren aber wirst du höchstens Straßenfeger oder Maurer.

Als es soweit war, wurde er weder das eine noch das andere, sondern begann eine todsterbenslangweilige Lehre bei einem Klempner, der sich stolz Installateur nannte und die Firma zugrunde wirtschaftete, bevor aus Hecki ein brauchbarer Gas-, Wasser- und Schokoladenrohrleger geworden war. Er versuchte sein Glück als Pizzabote, Anlernling bei einer Telefonfirma und Hilfskraft in einer Gärtnerei, wo ihm die Floristinnen besser gefielen als das anstrengende Herumgearbeite mit irgendwelchen kaum zu unterscheidenden Pflanzen und Blumen.

Krebse haben oft einen grünen Daumen, hatte die Mutter anfangs hoffnungsvoll geäußert, doch Hecki fand, daß sein Daumen nur dreckig wurde, und das war unangenehm genug, obwohl die Mädchen in diesem Gewerbe daran keinen Anstoß nahmen. Er machte sich nicht gerne schmutzig, und insgeheim verabscheute er trotz seiner physischen Konstitution jede Art von körperlicher Arbeit. Immerhin hatte er mit Mutters finanzieller Unterstützung inzwischen seinen Führerschein gemacht und einen alten Golf erworben und erkannte endlich, wo er seine Erfüllung finden würde. Nach verschiedenen Jobs als schlecht bezahlter Kraftfahrer, bei denen ihm vor allem die kräftezehrende Be- und Entladetätigkeit mißfiel, landete er schließlich als Busfahrer bei den städtischen Verkehrsbetrieben. Für ihn war es ein Traumjob. Alles beschränkte sich auf die notwendigsten Handgriffe. Selbst die Türen öffneten und schlossen sich automatisch. Störend wirkten lediglich Fahrgäste mit großen Geldscheinen und solche, die sich endlos nach irgendwelchen Fahrtzielen erkundigten.

Seufzend fügte die Mutter sich in sein Schicksal, sprach von den in seinem Sternbild häufigen Um- und Irrwegen im Beruf und fand sich mit dem Hinweis ab, Krebsen sei nun einmal der Hang zur Präsentation in der Öffentlichkeit und zu helfenden Tätigkeiten eigen. Dazu war auch die Tätigkeit eines Busfahrers im weitesten Sinne zu rechnen. Sie neigte sogar dazu, das Busfahren als Bestätigung für die früh hervortretende Reiselust der Krebse zu interpretieren, die andere Vertreter dieses Sternzeichens zu begeisterten Seefahrern und Expeditionsteilnehmern werden ließ.

Hecki war längst so sehr an ihre astrologische Macke gewöhnt, daß er sie nur noch in Ausnahmefällen wahrnahm. Lernte er beispielsweise ein Mädchen kennen – wogegen die Mutter im Prinzip nicht das geringste einzuwenden hatte, aber eben nur im Prinzip –, so erkundigte sie sich selbstverständlich zuerst nach deren Geburtsdatum, möglichst nach der Geburtsstunde, um das genaue Horoskop inklusive Aszendent zu ermitteln.

Vergeblich sagte er: Ich will sie nicht heiraten, verstehst du?

Sie wollte nicht verstehen. Weshalb triffst du dich dann mit ihr?

Er verkniff sich die Antwort. Weshalb traf er sich wohl mit einer rehäugigen Zwillingin, deren Vorliebe für Opern ihm allerdings bald zu anstrengend und zu teuer wurde, oder mit einem weiblichen Steinbock, dessen schlanke Beine ihm sofort beim Einsteigen in den Bus aufgefallen waren. Ihren Fünfzigmarkschein hatte er aus der eigenen Geldbörse gewechselt! Kein Wunder, daß auch sie ihn nett fand. Jedenfalls für eine ganze Weile und entgegen allen mütterlichen Bedenken. Ein Steinbock hält seine Leidenschaften unter Verschluß, äußerte sie beispielsweise, was

Hecki wahrlich nicht bestätigen konnte – bis er herausfand, daß seine langbeinige Gemse sich in ihrer Leidenschaft auch anderen Männern gegenüber nicht zurückhielt.

Ich habe es dir gleich gesagt, kommentierte die Mutter das Ende dieser wie mancher anderen Beziehung. Bei größeren Schwierigkeiten verfällst du ohnehin in deinen Krebsgang. Von seiner notorischen und brennenden Eifersucht sprach sie nicht. Davon stand anscheinend nichts in seinem Horoskop.

Etwas fand die Mutter an jeder seiner Bekanntschaften auszusetzen. Und früher oder später behielt sie leider recht, obwohl Hecki das niemals eingestand. Bis er Helma kennenlernte. Eine Frau, die zu ihm paßte, was jeder sofort bestätigte, der sie zusammen sah. Helma war kräftig gebaut wie er selber, dabei aber keineswegs plump oder gar zu dick. Bei ihr war alles am rechten Platz. Das mußte selbst die Mutter zugeben, die sich mit Helma erstaunlich gut verstand. Vielleicht hätte ihn das stutzig machen sollen. Oder daß Helma – wie die Mutter und zu deren stiller Begeisterung – ebenfalls eine Waage war. Auch das hätte ihn warnen müssen. Er jedoch schob es darauf, daß Helma, die als Verkäuferin in einer Boutique arbeitete und nach Feierabend häufig seine Buslinie benutzte, es eben verstand, mit schwierigen Leuten umzugehen. Mit ihrer ungekünstelten Munterkeit, dem freundlichen Lächeln und dem langen Haar von der Farbe gereiften Weizens gefiel sie einfach jedem.

Helma und er verstanden sich großartig. Er bewunderte ihre Figur und den Chic, mit dem sie sich zu kleiden verstand, und sie begeisterte sich für seinen Kraftsport, dem er durch den unregelmäßigen Dienst leider nicht mehr so regelmäßig nachgehen konnte, wie er sich das gewünscht hätte.

Ein dreiviertel Jahr nach ihrer ersten Verabredung waren sie verheiratet. Der Einfachheit halber zog Hecki zu Helma, die ihn Hecki nannte wie jedermann und die eine geräumige Zweizimmerwohnung mit Parkblick ihr eigen nannte. In der ehemaligen Waschküche durfte Hecki sich einen Trainingsraum einrichten.

Alles entwickelte sich erstklassig. Na gut, es stellten sich ein, zwei Kleinigkeiten heraus, die nicht ganz seinem Geschmack entsprachen, aber wenn er die Kollegen auf dem Bushof und die Kumpels vom Kraftsport über ihre Ehen reden hörte, ging es ihm so gut wie Gott in Frankreich. Obwohl der ja dem Vernehmen nach dort besonders gut gegessen hatte, was Hecki von sich nicht behaupten konnte. Der Astrologe ordnet dem Krebs den Magen zu, hatte die Mutter oft genug doziert, und tatsächlich schlug ihm leicht etwas auf denselben, je älter er wurde – was wohl an seinem unregelmäßigen Dienst, möglicherweise aber auch an Helmas Kochkunst lag. Im Gegensatz zu ihm, der an die von Oma Friederike auf seine Mutter überkommene und wie Helma es ausdrückte *altdeutsche* Küche gewöhnt war, in der alles sorgfältig zubereitet, lange gekocht, gebraten und gesotten wurde, bevorzugte Helma eine zwar nicht streng vegetarische, aber doch auf halbgare Speisen, Rohkost und ein Minimum an Fleisch orientierte

Zubereitung vornehmlich exotischer und ihm auch nach einigen Ehejahren fremder Gerichte.

Der zweite Sachverhalt, der Heckis Erwartungen ein wenig getrübt hatte, betraf – nein, nicht etwa die Sexualität; im Bett verstanden sie sich großartig, er liebte ihren fülligen Körper und den aufregenden Geruch ihrer makellos glatten Haut ebenso wie sie seine muskelbepackte Gestalt mit den kräftigen Gliedmaßen und Händen –, sie betraf Helmas sich allmählich veränderndes Verhältnis zur Lieblingswissenschaft seiner Mutter, zur Astrologie. Heckis bester Freund und Trainingskollege Jochen machte ihm lachend klar, worum es sich bei der Astrologie, der Rohkosternährung und den verschiedenen Spielarten der Esoterik im Grunde handle: um Frauenkrankheiten. Hecki übernahm diese Weisheit wie so viele andere gerne von Jochen. Der war immerhin Oberinspektor beim Zoll und verstand etwas vom Leben.

Anfangs jedenfalls waren Horoskope oder ähnlicher Schnickschnack kein Thema zwischen Helma und Hecki gewesen. Seinen Hinweis auf die jahrelange mütterliche Überfütterung mit diesem Thema hatte Helma sofort verstanden. Im dritten oder vierten Jahr ihrer Ehe entdeckte er dennoch zu seinem Ärger ein Buch über Astro-Gesundheit auf ihrem Nachttisch, und nicht lange darauf lenkte sie mehrmals das Gespräch auf den Einfluß der Gestirne auf das menschliche Schicksal, bis ihm der Geduldsfaden riß.

Ich weiß, ich bin ein typischer Krebs! brach es aus ihm heraus. Einer, der dem Herkules beim Fremdgehen ins

Bein gekniffen hat und dafür noch heute leiden soll. Laß mich bloß in Ruhe mit diesem Unsinn!

Helma staunte. Wer hat dir denn diesen Quatsch erzählt? fragte sie. Der Große Krebs ist von Zeus aus Dankbarkeit an den Himmel versetzt worden, weil er mit seinen Scheren die Nymphe für den Göttervater festgehalten hat.

Ihr Wissen überraschte Hecki. Außerdem war ihm diese Version neu.

Wozu mußte der Krebs die Nymphe festhalten? wollte er wissen.

Helma lachte. Damit der olle Zeus sie – na, du weißt schon ... Sie machte eine eindeutige Bewegung und sagte ein noch eindeutigeres Wort, das er aus ihrem Mund nicht gerne hörte. Höchstens mal im Bett.

Das nämlich war der dritte Grund für ihn, sich Sorgen zu machen: Helmas ein wenig frivole Art, die mitunter sogar in einer obszönen Ausdrucksweise gipfelte oder in einer besonders freigebigen Ausstellung ihrer körperlichen Reize in Gegenwart anderer Männer. Am liebsten hätte er ihr in solchen Fällen den Mantel übergeworfen und wäre spornstreichs mit ihr verschwunden. Sie verstand seine Entrüstung nicht, ja unverständlicherweise regte seine Eifersucht ihre leichtfertige Stimmung eher noch an. Unbekümmert verteilte sie in angeheiterter Gesellschaft harmlose Küsse und Umarmungen – harmlos, das behauptete sie jedenfalls. Bei seinen Kumpels und Kollegen war sie wohl gerade deswegen besonders beliebt, bei deren Ehefrauen dafür um so weniger.

Im Gegensatz zu vielen anderen Männern sprach Hecki

nicht gerne über sein Sexualleben. Der einzige, mit dem er über intime Dinge reden konnte, war Jochen. Der beruhigte ihn schnell: Sei zufrieden, daß deine Frau nicht so verklemmt ist wie meine beispielsweise. Gesunde Ansichten zur Sexualität sind die beste Garantie für eheliche Beständigkeit, mein Lieber. Ich glaube, deine Helma ist dir treu wie Gold.

Das hätte Hecki nur zu gerne geglaubt. Noch lieber aber wäre ihm Gewißheit gewesen. Tage- und nächtelang, während er den Doppelstockbus ganz mechanisch durch die vertrauten Straßen lenkte, dachte er über dieses Problem nach. Eines Vormittags, mitten in der Wiederholung des Fernsehkrimis vom Vortag, kam ihm die Erleuchtung: Er brauchte nichts weiter zu tun, als Helma *abzuhören*, wie es der Mann in dem Krimi bei seiner untreuen Gattin gerade tat.

Er stellte sich vor, wie er jedes Wort, jeden Laut aufzeichnen würde, der während seiner Abwesenheit in der Wohnung ertönte, und es überlief ihn heiß, wenn er nur daran dachte, was er wohl zu hören bekommen würde.

In letzter Zeit hatten sich die Dienste gehäuft, die bis in die Morgenstunden dauerten oder ihn sogar an Sonn- und Feiertagen von Haus und Helma fernhielten. Ihr schien das wenig auszumachen. Wenn er genau nachdachte, war er sich sicher, daß ihre Leidenschaft für ihn in den letzten Monaten überhaupt nachgelassen hatte.

Es wurde Zeit, daß er etwas unternahm. Er erwog, einen Privatdetektiv mit Helmas Überwachung zu beauftragen, aber das hätte einen Mitwisser bedeutet, und daran lag ihm nichts. Als er dennoch im Kollegenkreis ganz beiläufig das Gespräch auf diese Berufsgruppe brachte, erfuhr er etwas über die branchenüblichen Tarife. *Soviel* war ihm die Sache denn doch nicht wert. Er mußte sich selber etwas einfallen lassen. Obwohl er handwerklich nicht ganz ungeschickt war, fehlten ihm für eine gezielte Abhöraktion die Kenntnisse. Er scheute sich, mit Jochen darüber zu sprechen. Der würde ihn nur auslachen.

Der eifersüchtige Mörder im Fernsehen hatte ganz einfach einen Miniaturrecorder und ein winziges Mikrofon gekauft und in der Nähe des Telefons versteckt. Der Erfolg hatte sich schon nach ein paar Tagen eingestellt. Die Frau verabredete sich mit einem jüngeren Kollegen – allerdings nur, um ihn bei seinen Eheproblemen zu beraten, wie die Polizei hinterher herausgefunden hatte.

Das Fernsehmodell gab für Heckis konkrete Situation nicht viel her, wie sich herausstellte. Zwar war ein solcher Kleinst-Recorder im Handel zu horrenden Preisen leicht zu erwerben, und winzige Mikrofone gab es auch – wo aber sollte er beides im Haushalt seiner ordnungsliebenden und geradezu putzsüchtigen Ehefrau verstecken? Außerdem gab das Gerät beim Anlaufen ein surrendes Geräusch von sich, und Helmas Gehör glich dem einer Katze.

Nachdem er sich in zwei, drei Medienmärkten verdächtig gemacht hatte, fand Hecki endlich in einer abgelegenen Seitenstraße einen Laden, der sich auf die Ausrüstung von Detektiven spezialisiert hatte und im Schaufenster unter anderem auch mit der Behauptung *strenge Diskretion* warb. Der Inhaber, ein vertrockneter kleiner Mann, der leicht nach Spiritus roch, verwickelte Hecki sofort in eine langwierige Diskussion über die Vor- und Nachteile der verschiedensten technischen Möglichkeiten und breitete während seiner Erläuterung, das Abhören jeglicher Privatsphäre sei ohnehin streng verboten, die einschlägigen Gerätschaften auf dem Ladentisch aus. Hecki ließ sich darüber aufklären, daß für den Dauerbetrieb ein sogenannter *Schwellwertschalter* unerläßlich sei, um die Aufnahmezeit auf ein Minimum zu begrenzen, und daß es drahtgebundene, drahtlose, infrarote oder mittels Ultraschall und Laser funktionierende Wanzen in Armbanduhren, Steckdosen und sonstigen Haushaltsgegenständen gäbe, um sein Vorhaben – natürlich nur theoretisch oder im Ausland, wie der kleine Mann zu betonen nicht vergaß – auszuführen. Es sei alles nur eine Frage der aufgewendeten Mittel. Sprich: des Geldes.

Davon nun besaß der Busfahrer Hecki keineswegs genug, wie sich herausstellte, kostete doch die einfachste Variante bereits mehr, als ihm die Verkehrsbetriebe in einer Woche zahlten. Eine solche Ausgabe hätte er vor Helma nicht geheimhalten können.

Zögernd kaufte er schließlich nur den anscheinend unabdingbaren Schwellwertschalter. Das endlose Gerede des Händlers hatte eine Idee in ihm reifen lassen, der er sich zu Hause sofort mit Eifer widmete. Hatte er nicht einst bei so einem Strippenzieher die Grundzüge des deutschen Telefonwesens kennengelernt? Natürlich gab es inzwischen vollelektronische Vermittlungen mit glasfasergespeisten ISDN-Anschlüssen, aber soweit er die Anlage in Helmas vor zwanzig Jahren zum letzten Mal renovierten Uraltbau kannte, mußten seine bescheidenen Kenntnisse der Fernmeldematerie ausreichen.

Er hatte sich nicht getäuscht. Der Telefonkasten im Keller ließ sich mit einem einfachen Vierkant öffnen; die einzelnen Anschlüsse im Haus waren mit den Rufnummern gekennzeichnet. In weniger als einer Stunde hatte er zwei hauchdünne Litzen bis in den eigenen Keller verlegt, wo er seinen alten Kassettenrecorder hinter allerlei Gerümpel versteckt aufbaute und die Verbindung über den ominösen Schalter herstellte.

Leider war inzwischen Helma von der Arbeit heimgekehrt. Er verschob die Probe auf den nächsten Vormittag, um erbittert festzustellen, daß seine Apparatur nicht funktionierte. Es kostete ihn einige Mühe und an die hundertmal den Weg vom Keller in die Wohnung, bis sich der klapprige Recorder endlich bei jedem ankommenden Anruf und bei jedem Abheben des Hörers in Bewegung setzte. Hatte seine Mutter nicht immer gesagt: Wenn sie mit dem Gefühl an eine Sache herangehen, sind Krebse zäh, ausdauernd und hartnäckig?

Hecki war sehr stolz auf sein technisches Meisterwerk. Das Vertrauen eines Krebses in die eigene Kraft ist nicht übermäßig groß, wächst jedoch mit dem Erfolg. Allerdings mußte er zu seiner Enttäuschung die Erfahrung machen, Helmas Ausdauer beim Telefonieren unterschätzt zu haben. Auf dem Band befand sich nur ein einziges Gespräch, vielmehr der erste Teil davon – ein abendlicher Dialog zwischen Helma und seiner Mutter, der sich beinahe ausschließlich um astrologische Begriffe und Deutungen drehte. Auch er, der typische Krebs, kam darin vor, und die Frauen waren sich einig in der Einschätzung seiner arglosen Gutmütigkeit unter einem nur scheinbar abwehrenden, vielmehr seine Empfindlichkeit und Sensibilität schützenden Panzer.

Du hast Glück gehabt mit ihm, sagte die Mutter, und Helma antwortete: *Ich wollte dir schon immer mal –*

An dieser Stelle war das Band zu Ende.

Am nächsten Tag erwarb Hecki eine Kassette mit doppelter Laufzeit und schleppte unter dem Vorwand, das Gerät habe einen Defekt, den Recorder aus der HiFi-Anlage in den Keller. Der wechselte am Bandende automatisch die Laufrichtung.

Es vergingen drei Tage, bis er endlich dazu kam, die Kassette – gleich an Ort und Stelle im Keller – abzuhören. Wiederum Fehlanzeige. Helma sprach lange und ausführlich mit ihrer Busenfreundin Yvette, an deren gegenwärtiger Beziehungskiste sich gerade mal wieder alle splittrigen Bretter lockerten. Helma riet zur Anschaffung einer neuen Kiste und mußte sich von Yvette anhören, wie gut es ihr doch ginge.

Du kriegst ja alle Kerle, die du haben willst, schmollte Yvette. *Läuft das immer noch alles bei dir?*

Wie geschmiert, gurrte Helma. *Du solltest dir auch mal einen Mann mit Muskeln gönnen …*

Hecki hörte es nicht ohne Stolz und mit einer gewissen Erleichterung. Aber auch mit einem Anflug von schlechtem Gewissen. Er schaltete das Gerät aus und ging nach oben. Vom Spätdienst, so beschloß er, würde er seiner Frau einen Blumenstrauß mitbringen. Einfach so. Damit sie sah, daß er nicht bloß Muskeln besaß.

Helma nahm die Blumen eher mißtrauisch entgegen. Hast du was gutzumachen? erkundigte sie sich.

Hecki lief rot an.

Wenn Männer fremdgehen, bringen sie ihren Frauen Blumen mit, stellte Helma mit einem forschenden Blick fest.

Wie kommst du denn darauf? empörte er sich.

Na, dir bleibt doch am Tage ja genügend Zeit für so was. Und schöne Frauen steigen jeden Tag in deinen Bus. Mich hast du schließlich auch mal auf diese Weise kennengelernt ...

Verärgert über seine mißverstandene Reue wandte Hecki ihr im Bett den Rücken zu. Sie kraulte ihm ein wenig die Schulter und sagte neckisch: Nun zieht sich mein beleidigter Krebs in sein Gehäuse zurück.

Das kränkte ihn noch mehr. Beim Training beklagte er sich bei Jochen, natürlich ohne die Abhöraktion zu erwähnen. Wie erwartet lachte der ihn aus. So sind Frauen nun mal! sagte er. Was denkst du, was ich mit meiner schon alles erlebt habe.

Er sah Hecki prüfend an. Gelegentlich habe ich schon daran gedacht, mich nach etwas Neuem umzugucken ...

Du willst dich scheiden lassen? fragte Hecki verblüfft.

Jochen hob die breiten Schultern. Wenn es sich lohnt ..., sagte er und griente vielsagend.

Sieh an. Wer hätte das gedacht. Hecki fuhr vom Training gleich zum Dienst und kam am Morgen gerade noch rechtzeitig nach Hause, um mit Helma zu frühstücken. Sie war in bester Stimmung.

Erzähl mal, was es Neues gibt beim Verkehr, forderte sie munter.

Er hing hundemüde auf seinem Stuhl. Nichts, sagte er mürrisch. Die sparen mal wieder ein …

Und im Verein?

Auch nichts. Er sah sie über den Rand seines Kaffeetopfs an. Sie sah blendend aus wie immer. Wie ein strahlender Spätsommertag.

Höchstens eins, sagte er. Der Jochen will sich scheiden lassen. Kannst du dir das vorstellen?

Sie setzte die Tasse ab und sah ihn ungläubig an. Meinst du das im Ernst?

Er winkte ab. Ach wo. Vergiß es. Er hat nur so eine Andeutung gemacht. Wahrscheinlich hat er sich gerade mit seiner Frau gestritten.

Am Nachmittag weckte ihn das Telefon. Jemand hatte sich krank gemeldet. Ob er nicht …?

Er hatte sich den Freitagabend mit Helma so schön vorgestellt. Aber Pflicht blieb eben Pflicht. Also brühte er sich einen starken Kaffee und hinterließ eine Nachricht für Helma. Sie solle sich nicht beunruhigen. Dafür läge ja ein gemeinsames freies Wochenende vor ihnen.

Als er beim Gehen den Briefkasten leerte, fiel sein Blick auf die Kellertür. Er hatte sich längst vorgenommen, den Recorder wieder nach oben zu holen, aber als er vor seiner Apparatur stand, befand er, daß er sie wenigstens noch einmal benutzen sollte. Helma konnte doch nicht immer nur seine Mutter oder Yvette anrufen.

Lächelnd schaltete er das Aufnahmegerät ein. Zum allerletzten Mal, schwor er sich feierlich.

Helma schlief fest, als er nachts vom Dienst kam. Am Morgen war das Wetter kalt und unwirtlich, und er hätte sich gerne ein bißchen an sie gekuschelt, aber sie hatte bereits das Frühstück zubereitet und überraschte ihn mit ihren Plänen. Sie wollte in die Pilze fahren und allerlei Kräuter sammeln. Ihr vegetarischer Tick hatte sich in letzter Zeit verstärkt.

Der Recorder fiel ihm erst wieder ein, als er am Dienstag das Radio einschaltete, um den Wetterbericht zu hören. Der Herbst setzte in diesem Jahr ein bißchen sehr früh ein. Seufzend stieg er hinunter in den Keller und demontierte die Anlage. Bei dem Gedanken, Helma könnte erraten, was er da getrieben hatte, fühlte er sich unwohl. Nein, zum Rumschnüffeln war er wirklich nicht geboren.

Im Wohnzimmer stellte er den Recorder an seinen Platz zurück und nahm die Kassette heraus. Sie war zur Hälfte abgelaufen. Unschlüssig wog er sie in der Hand. Was sollte schon darauf zu hören sein. Der Länge des Gesprächs nach zu urteilen, hatte Helma wieder mit Yvette telefoniert.

Er fuhr das Band ein Stück zurück und drückte die Wiedergabetaste. Helmas Stimme ertönte so laut, daß er einen Schreck bekam.

... ihm denn um Gottes willen gesagt, daß du dich scheiden läßt?

Ein Mann lachte. *So was sagt man eben ...*

Und wenn er nun Verdacht schöpft?

Hecki überlief es heiß und kalt. Seine Hände zitterten so stark, daß er die Taste für den Rücklauf nicht fand.

Der doch nicht!

Jetzt lachte sie. *Nein, er ist ein richtiger Krebs, immer in sich gekehrt und mit sich beschäftigt. Neuerdings fummelt er dauernd unten im Keller rum. Wer weiß, was ihm da wieder eingefallen ist.*

Laß ihn doch. Um so mehr Zeit haben wir füreinander.

Es könnte ruhig mehr sein ...

Meinst du, ich soll noch auf ein halbes Stündchen zu dir kommen?

Wenn du Lust hast ...

Auf dich immer ...

STOP!

Mindestens zehn Minuten starrte Hecki benommen auf das Gerät. Warum sagte ihm niemand, daß es ganz und gar unmöglich war, was er da gehört hatte?

Entgegen seinen Gewohnheiten trank er zwei Schnäpse und fuhr das Band bis zum Anfang zurück. Es gab keinen Zweifel: Seine Helma betrog ihn. Anscheinend seit längerer Zeit. Und ausgerechnet mit dem Mann, den er für seinen besten Freund gehalten hatte.

Sein Herz schlug wie ein Hammerwerk. Trotzdem versuchte er, kühl zu bleiben. Wenn sie nach Hause kam, würde er ihr wortlos das Band vorspielen. Und dann ...

Ja, und dann?

Wahrscheinlich würde sie sagen: Du kannst ja gehen.

Und schon morgen würde dieser Widerling vom Zoll

hier einziehen, und die beiden würden sich ausschütten vor Lachen über den dämlichen Krebs von einem Busfahrer ...

Nein, so billig kamen die ihm nicht davon! Voller Ingrimm ballte er einige Male seine kräftigen Fäuste. Auf die war Verlaß! Dann schüttelte er den Kopf. Auch das war viel zu einfach. Jeder würde sofort wissen, wer als Täter in Frage kam.

Am besten war, er ließ sich gar nichts anmerken. Krebse halten sich gerne im Hintergrund ...

Draußen schob sich die Sonne hinter den Wolken hervor. Und plötzlich wußte er genau, was er tun würde.

Fünf Monate später, die Sonne war gerade in das Zeichen der Fische getreten, und die ersten Schneeglöckchen lugten schüchtern hervor, kam es zu einem bedauerlichen Vorfall. Als der Busfahrer Wanja H. vom anstrengenden Spätdienst nach Hause kam, erfuhr er von den Nachbarn, seine Frau sei mit schrecklichen Krämpfen ins Krankenhaus eingeliefert worden. Als er dort ankam, war sie nicht mehr bei Bewußtsein. Er saß neben ihr und all den Apparaten und hielt ihre Hand, bis sie sich gegen Morgen noch einmal aufbäumte, ihn mit einem schrecklichen Blick maß und verschied.

Es war ein schmerzlicher Tag für ihn, starb doch wenige Stunden später in einer anderen Klinik auch seine geliebte Mutter unter ganz ähnlichen Umständen.

Die Obduktion der beiden Leichen ergab eine hohe

Konzentration der tückischen Protoplasmagifte Amanitin, Phalloidin, Phallin und Phalloin in Leber und Nieren. Das Gegenmittel war in beiden Fällen zu spät verabreicht worden. Wer rechnete denn im Februar mit Vergiftungen durch Amaníta phalloídes, den Gemeinen Weißen Knollenblätterpilz, den jeder erfahrene Pilzsammler zu meiden weiß? Helma hatte die Pilze anscheinend gesammelt, getrocknet und einem vegetarischen Gericht beigefügt, das sie gemeinsam mit ihrer Schwiegermutter verzehrt hatte.

Verständlicherweise lud die Kriminalpolizei den gebeugten Witwer mehrfach vor, um ihn über die Vorgeschichte des tragischen Unfalls zu befragen. Er konnte nur wenig zur Aufhellung beitragen; er aß keine Pilze und verabscheute vegetarisches Essen. Und welchen Grund sollte er gehabt haben, seine Frau und seine Mutter umzubringen? Zumal sich ergab, daß deren Besuch bei der Schwiegertochter anscheinend ganz spontan erfolgt war.

Nach der letzten Vernehmung tauschten die beiden Kriminalkommissare vom Dezernat für unnatürliche Todesfälle ihre Ansichten über den einigermaßen rätselhaften Fall aus.

Ich weiß nicht, sagte der Jüngere. Ich traue dem Kerl nicht! Überleg doch mal: Mutter *und* Ehefrau gleichzeitig ...

Sein älterer Kollege lachte. Genau deswegen hat der nichts damit zu tun. Hast du auf sein Geburtsdatum geachtet? Das ist ein Krebs! Und Krebse sind Familienmenschen. So einer würde niemals die eigene Frau, geschweige denn seine Mutter um die Ecke bringen. Laß dir das aus meiner Erfahrung sagen: Manchmal lügen die Sterne nicht.

Zwei Abende später widerfuhr dem Zollinspektor Jochen K. beim Bankdrücken im Sportstudio ein bedauerliches Mißgeschick. Als er die Hantel mit den beiden Gewichten aus der Halterung hob, glitt ihm die Stange aus den Händen, schlug auf seinen Kehlkopf und brach ihm das Genick. Offenbar hatte K. nicht beachtet, daß statt der üblichen Scheiben weit höhere Gewichte aufgelegt worden waren. Der als Hilfestellung dabeistehende Wanja H. reagierte um eine Zehntelsekunde zu spät, was nach den hinter ihm liegenden Schicksalsschlägen niemanden überraschte. Beinahe hätte das fallende Gewicht seinen linken Fuß zerschmettert.

Andrea C. Busch

Nach Diktat vereist

Der Zufallsgenerator für das Wochenhoroskop in *TV Sternenklar* hatte für Krebse der ersten Dekade ein ruhiges, gemütliches Wochenende ausgewürfelt. Diese Sorte Horoskop sollte verboten werden – die Ergebnisse entbehren jeder seriösen Grundlage, aber man liest sie trotzdem und macht sich darüber Gedanken.

Grundsätzlich bin ich für ein ruhiges, gemütliches Wochenende immer zu haben, am besten mit einem Stapel Bücher im Bett. Statt dessen war ich an diesem Sonntagmorgen wieder einmal sehr früh aufgestanden, um in die Firma zu radeln und Dinge zu erledigen, die am Freitag liegengeblieben waren. Mein Chef kann ein ziemlicher Stinkstiefel sein, wenn nicht alles nach seinem Kopf geht; Skorpion mit Aszendent Skorpion. Das erklärt wohl auch seine Leidenschaft für blutrote Krawatten.

Ich arbeitete schon seit ein paar Jahren beim MDW Medizinproduktevertrieb, und anfangs hatte es mir auch sehr viel Freude bereitet: Der Chef schien geduldig, feinfühlig und idealistisch; ich konnte ihn gut leiden und kniete mich in die Arbeit. Mein Einsatz wurde mit Gehaltserhöhung und mehr Verantwortung belohnt.

Vor einiger Zeit hatte sich das Blatt jedoch gewendet. Natürlich habe ich für Stimmungsschwankungen Verständnis – wir Krebse sind schließlich geradezu berüchtigt dafür –, aber wie mein Chef sich im letzten Jahr entwickelt hatte ... Er beharrte unerbittlich auf seiner Meinung, duldete auch nicht die geringste Schwäche und war ausgesprochen intolerant und nachtragend geworden. Mittlerweile schlichen wir alle schon mit eingezogenem Kopf und auf Zehenspitzen durch die Räume, wenn er im Haus war.

Ein zartfühlender Krebs kann sich diesen Streß nicht zumuten. Ich kann es einfach nicht ertragen, wenn mich jemand anschreit, und eine Sonderschicht am Sonntag zur Verhütung dieser Schreierei schien mir lange Zeit das kleinere Übel. Außerdem hoffte ich schon seit Monaten – vergebens – darauf, daß mein Chef sich wieder in den Menschen zurückverwandeln würde, der mich damals eingestellt hatte.

Mit meiner Selbstausbeutung sollte nun endlich Schluß sein, hatte ich mir vorgenommen. Krebse sind ja dafür bekannt, daß sie von allen Sternzeichen am längsten in unbefriedigenden Arbeitssituationen ausharren, aber was zuviel ist, ist zuviel. Dieser Sonntag wird dein letzter in der Firma sein, schwor ich mir.

Als ich mich um halb sechs aufs Fahrrad schwang, lag mein kleiner hessischer Heimatort noch im Tiefschlaf. Auf dem Weg bis zur Firma begegnete mir keine Menschenseele. Nicht einmal eine Katze, die von der nächtlichen Jagd heimkehrte.

Ich stellte das Fahrrad auf den Hof, deaktivierte die Alarmanlage und schaltete sie hinter mir wieder ein. Nicht, daß ich am Sonntag morgen einen Überfall befürchten müßte, aber *my home is my castle*, und die Firma war mir mittlerweile so vertraut wie eine alte Freundin. Ich genoß es, ihre vielen Wände ungestört für mich zu haben.

Kaum hatte ich das übliche Morgenritual beendet – Rechner und Kopierer einschalten, Kaffeepulver und Wasser in die Maschine und anschalten –, als ich aus den Augenwinkeln etwas wahrnahm. Es war keine Bewegung im eigentlichen Sinn, aber etwas hatte sich verändert. Ich schaute mich um. Der Rechner summte unverändert Bereitschaft, das Display des Kopierers zeigte immer noch *Bitte warten*. Mein Blick schweifte wachsam durch den Flur. Da – die Kontrollampe für die Alarmanlage war ausgegangen!

Was konnte das bedeuten? Stromausfall kam nicht in Frage; außerdem gab es für Alarmanlage und Kühlraum ein Notstromaggregat. Wenn die Kontrollampe ausging, ohne daß der Alarm ausgelöst wurde, konnte das eigentlich nur bedeuten, daß noch jemand im Haus war, der ebenfalls einen Schlüssel hatte. Außer mir kam sonntags eigentlich nie jemand in die Firma. Der Chef konnte es nicht sein, und meine Kollegin sonnte sich gerade auf Rhodos, beziehungsweise erholte sich von der Nacht in der Disco.

Auf Zehenspitzen schlich ich den Flur mit dem dicken Teppichboden entlang, um ins Treppenhaus zu lauschen. Ich hörte Sohlen durch die geflieste Eingangshalle quietschen, dann das leise Ächzen der schweren Brandschutztür, die ins Lager führte. Auch die Frau des Chefs konnte ich streichen: Ihre achillessehnenverkürzenden Absätze machten auf den Fliesen scharfe Knallgeräusche. Ich konnte mich auch nicht erinnern, daß von den Mitarbeitern jemand Quietschesohlen trug.

Mein Herz klopfte bis zum Hals, und meine ganze Krebsnatur riet mir, mich leise zurückzuziehen, in meinen Panzer zu verkriechen und zu warten, bis die Gefahr vorbei war. Aber irgend etwas anderes in mir mußte unbedingt wissen, wer da am Sonntagmorgen in aller Herrgottsfrühe in der Firma herumgeisterte und meine Ruhe störte.

Dieses Etwas brachte mich schließlich auf die simple Idee, einen Blick auf den Firmenparkplatz zu werfen. Dort stand des Rätsels Lösung: ein älterer, schmutzig-grauer VW-Golf mit einer Beule im linken Kotflügel – das Auto unseres Hausmeisters.

Ich atmete erleichtert auf und wollte mich an die Arbeit machen, als mir einfiel, daß ich heute morgen etwas Dringendes im Lager erledigen mußte. Aber als Gewohnheitstier hatte ich natürlich zuerst das getan, was ich jeden Tag machte, wenn ich in der Firma eintraf …

Mit dem beunruhigenden Gefühl, mich besonders dämlich angestellt zu haben, ging ich die Treppe hinunter und hinter dem Hausmeister her ins Lager. Die Quietschesohlen schienen mir entgegenzukommen, und als ich um die Ecke bog, stand er vor mir, bleich wie ein Gespenst und mit zitternden Fingern.

»Morgen, Herr Gruber«, grüßte ich freundlich. »Schon so früh unterwegs?«

Er starrte mich mit offenem Mund an. »Frau Schiffer? Achgottachgott!« Er sah aus, als würden ihm gleich die Beine wegsacken.

Ich bin nicht gerade eine umwerfende Schönheit, und

besonders eitel bin ich eigentlich auch nicht, aber daß er bei meinem Anblick einen Zusammenbruch mimte, kränkte mich schon sehr. Es mußte etwas Ungewöhnliches passiert sein; warum sollte Herr Gruber sonst von seiner alten Gewohnheit abweichen, mich mit »Ei guhde, wie?« zu begrüßen?

Der Hausmeister starrte mich immer noch mit schreckgeweiteten Augen an und brabbelte unzusammenhängendes Zeug. »Unsern Scheff«, glaubte ich aus dem Gestammel herauszuhören.

»Unser Chef ist in Kalifornien, Herr Gruber. Er schwimmt im Pazifik und feiert vermutlich heiße Strandpartys. Der hat's gut.«

»Achgottachgottachgott«, stammelte er weiter und fummelte nach einem Taschentuch, um sich den Schweiß abzutrocknen. »Achgottachgott, unsern arme Scheff.«

»Was haben Sie eigentlich dauernd mit unserem Chef?«

»Achgott«, echote er, diesmal schon schwächer.

Langsam wurde ich ungeduldig – und ein bißchen nervös. »Jetzt beruhigen Sie sich erst mal.« Ich klopfte ihm auf die Schulter und bemühte mich um einen freundlichen Krankenschwesternton. Schließlich gelten wir Krebse als ausgesprochen langmütig. »Was ist denn passiert?«

»Unsern Scheff … mei Luwies … mei Erbse«, brachte er hervor.

Von seiner mangelnden Kooperationsbereitschaft mehr genervt, als es einem langmütigen Wesen ziemt, zerrte ich ihn in die Eingangshalle, deponierte ihn auf einem Stuhl und war in Null Komma nichts mit einem dampfendheißen Kaffee zurück, den ich ihm in die Hand drückte. Wie groß seine Hände waren! Das war mir bisher nicht aufgefallen.

Er lächelte mich dankbar an, packte die Tasse und leerte sie in einem Zug. Schon vom Zusehen bekam ich Brandblasen auf der Zunge.

»Was ist denn jetzt?« bohrte ich.

Er zuckte die Achseln und wurschtelte das Taschentuch wieder in die Hose. Der Mann war mir ein Rätsel. Er weigerte sich übrigens seit jeher standhaft, mir seinen Geburtstag zu verraten. Um festzustellen, daß er nicht der Schlauesten einer war, brauchte ich ihm allerdings kein Horoskop zu stellen.

»Ei, Sie gucke am beste selwer«, rang er sich schließlich ab.

Und als ich ihn begriffsstutzig ansah, nahm er mich nun seinerseits bei der Hand, zog mich hinter sich ins Lager bis zum Kühlraum und zeigte auf die Tür.

»Da, da isser drin.«

»Wer?«

»Ei, unsern Scheff nadierlisch!«

So natürlich war das eigentlich nicht – schließlich hatte der Chef für dieses Wochenende ja andere Pläne gehabt, und zwischen kalifornischen Nächten und unserem Firmenkühlraum gab es nicht nur beachtliche Temperaturunterschiede, sondern auch eine erhebliche Behaglichkeitsdifferenz.

Schweren Herzens öffnete ich die Tür des Kühlraums. Das heißt, ich versuchte sie zu öffnen, aber sie ging nicht auf. Das konnte sie ja auch gar nicht – schließlich hatte sie eine eingebaute Öffnungszeitverzögerung. Ich eilte zum zuständigen Schaltkasten, riß die Klappe auf und drückte den Notschalter. Dann tippte ich mit schnellen Fingern auf die Tasten der Programmierungsfläche, so daß die Öffnungszeitverzögerung, die ich für das Wochenende auf zwölf Stunden verlängert hatte, wieder auf die üblichen fünfzehn Minuten eingestellt war.

Bei diesen elektronisch gesicherten Kühlräumen war nie ganz auszuschließen, daß die Tür hinter einem wieder ins Schloß fiel, oder sogar in unwissender Absicht zugezogen wurde. Und fünfzehn Minuten in diesem Eisloch waren eine ausreichend lange Zeit für ein Kältetrauma.

Herr Gruber starrte wie gebannt auf die Stahltür, die sich nun langsam öffnen ließ. Der Chef lag mitten im Kühlraum auf dem Bauch und sah ziemlich steif aus. Ich näherte mich vorsichtig.

»Nix anfasse«, sagte Herr Gruber, der sicherheitshalber in der offenen Tür stehengeblieben war. »Des weiß ich aussem Fernseh'.«

Dennoch tastete ich mit allen Anzeichen des Widerwillens an dem eisigen Hals herum. Irgendwas mußte ich ja tun, oder? Mein Puls raste. Bloß nichts falsch machen.

Der Hals des Chefs war eiskalt, und der Hinterkopf war blutverkrustet. Wieso Blut? Wo kam denn das Blut her?

Bevor mich eine Woge des Mitgefühls überschwemmte, gewann zum Glück mein praktischer Steinbockaszendent die Oberhand. Ich eilte hinaus. Herr Gruber mußte wohl den Gefühlsaufruhr in meinem Gesicht gesehen haben, denn er tätschelte mir unbeholfen die Hand. »Dem könne mer doch nit mehr helfe.«

Ich biß mir auf die Zunge und eilte mit dem Hausmeister im Schlepptau zum nächsten Telefon.

Für den Notarzt war es zu spät, da hatte Herr Gruber schon recht. Sicherheitshalber rief ich die 110 und schilderte die Lage; sollten die doch entscheiden, wen sie schickten. Nicht, daß mir nachher jemand Vorwürfe machte.

Jetzt, wo das Notwendige getan war, gaben die Knie unter mir nach. Diesen Sonntag hatte ich mir wirklich ganz anders vorgestellt. Eigentlich wollte ich am Computer des Chefs etwas Wichtiges erledigen. Quartalsabrechnungen, Inventur der Lagerbestände und anderes.

Herr Gruber neben mir sagte irgend etwas, und das riß mich aus meinen Überlegungen. Wie in jedem Mordfall würde die Polizei sicher den Computer des Chefs beschlagnahmen. Der Hausmeister sah mich für einen kurzen Moment durchdringend an. Wußte er vielleicht, daß ich mich am Sonntag heimlich im Büro des Chefs zu schaffen machte? Was hatte er überhaupt an einem Sonntag im Lager zu suchen? Wenn ich nur sein Sternzeichen wüßte!

Mir klopfte das Herz bis zum Hals, und ich rieb meine schweißnassen Hände zitternd am Polster des Bürostuhls ab. Aber wenn ich schon zusammenbreche, dann nicht vor Publikum. Gegen Gefühlsüberschwang half nur Aktivismus.

Mit den Worten »Ich koche uns noch einen Kaffee« manövrierte ich Herrn Gruber nach oben. Dort fing er plötzlich wieder mit den »Erbse« an und mit seiner »Luwies«, womit seine Göttergattin Luise gemeint war. Ich wußte nicht nur alles über »Luwies«, ich kannte auch sämtliche Spitz- und Kosenamen seiner gesamten Verwandtschaft. Warum alle Leute meinen, mir ihre Lebensgeschichte erzählen zu müssen, war mir ein echtes Rätsel. Eine befreundete Astrologin hatte mir einmal gesagt, daß Krebse spätestens in der Lebensmitte lernen, sich so etwas vom Hals zu halten. Ich war gerade dreißig geworden und immer noch der seelische Mülleimer meiner Freunde und Verwandten. Ob das hieß, daß ich noch ein langes Leben vor mir hatte?

In der Zwischenzeit murmelte Herr Gruber immer noch vor sich hin. Ich glaubte, vor allen Dingen »mei Erbse« ausmachen zu können. Daß Herr Gruber einen an der Erbse hatte, vermutete ich zwar schon länger, aber natürlich war ich für jede Bestätigung meiner Theorie dankbar.

Mit Kaffeenachschub, Geduld und Spucke brachte ich ihn dazu, das Geheimnis der Erbsen preiszugeben. Er benutzte unseren Kühlraum heimlich als Zwischenlager für Tiefkühlvorräte, die er im benachbarten Supermarkt einkaufte. Da er die Erbsen für das Sonntagsessen im Kühlraum vergessen hatte, war er heute morgen hierhergeeilt, um sie zu holen, bevor seine »Luwies« es bemerkte und ihm die Hölle heiß machte. Sie hielt anscheinend nichts von dieser Zwischenlagerung.

»Wisse Sie, mei Luwies sacht immer, Kall, sacht se, hör

uff mit dem Quatsch, eines Tachs erwischt der Scheff dich, und dann is die schee Betriebsrente futsch.«

Wie das Leben so spielte, hatte es nun den Chef erwischt. Und machte diese Situation meinen Kollegen »Kall«, den Hausmeister, nicht zu einem erstklassigen Verdächtigen? Bevor ich noch dazu kam, dieser interessanten Betrachtung weiter nachzugehen, klingelte es bereits Sturm.

Es war das ungeduldige Läuten einer Kriminalhauptkommissarin, die früh am Sonntag morgen aus dem Schlaf gerissen worden war und keine Zeit zum Duschen und Frühstücken gehabt hatte. Zum Kämmen vermutlich auch nicht, denn ihr dichtes, dunkles Haar fiel zerzaust über die Schultern.

»Hauptkommissarin Ina Dehler, Kripo Darmstadt«, sagte sie und wedelte mit ihrem Ausweis.

»Claudia Schiffer.« Sicherheitshalber fauchte ich gleich hinterher: »Da gibt es gar nichts zu lachen!« Niemals würde ich meinen Eltern diesen Namen verzeihen, niemals! Krebse? Nachtragend? Ach was!

Die Kommissarin wich einen Schritt zurück und machte eine beschwichtigende Geste. Ich konnte trotz schärfster Beobachtung kein Anzeichen von Häme bei ihr entdecken. Das gab Pluspunkte.

»Das ist Herr Gruber«, fuhr ich fort. »Er hat den Chef gefunden.«

Herr Gruber überfiel die Kommissarin mit einem heftigen Schwall Hessisch, worauf die erst einmal mit »Ich bin nicht von hier« konterte.

»Die anderen kommen gleich«, brummte sie in meine

Richtung. Ihre Nasenflügel bebten leicht, und ich glaubte, einen Hoffnungsschimmer in ihren verschlafenen Augen aufglimmen zu sehen. Ich bot ihr einen Kaffee an, den sie erfreut annahm. Hatte ich die Zeichen doch wieder einmal richtig gedeutet. Es war gar nicht so schwer, mit seinen Mitmenschen zurechtzukommen; man brauchte nur genau hinzusehen, und schon wußte man, was ihnen fehlte.

Als sie schließlich Anstalten machte, Herrn Gruber zu befragen, verzog ich mich diskret zum Kopierer; ich hoffte, von dort jedes Wort mithören zu können. Bevor die Vernehmung jedoch richtig losging, steckte die Kommissarin noch einmal den Kopf aus der Tür und bat mich leider, nach unten zu gehen und ihren Kollegen aufzumachen.

Zuerst traf der Notarzt ein. Ich führte ihn und die Sanitäter zum Kühlraum. »Da drin«, sagte ich. »Aber passen Sie auf, die Tür –«

»Wir wissen schon, was wir zu tun haben«, schnauzte einer der Männer mich an und schloß demonstrativ die Tür hinter sich. Mit einem satten Schmatzen fiel sie ins Schloß.

Bitte, ich hatte es ja nur gut gemeint. Sie würden schon sehen, was sie davon hatten. Wer nicht hören wollte, mußte eben frieren, wenn auch nur eine Viertelstunde lang, was sie allein meiner weisen Voraussicht zu verdanken hatten. Ich deaktivierte gerade den Notschalter, als ich Frau Dehler nach mir rufen hörte. Sie wartete in der Eingangshalle auf mich.

»Der Notarzt ist gerade gekommen«, erklärte ich überflüssigerweise. Sein Wagen stand fast vor unserer Nase, nur durch die gläsernen Eingangstüren von uns getrennt.

»Ihr Herr Gruber, was macht der hier?«

»Das ist nicht mein Herr Gruber«, sagte ich ungnädig. An dem finsteren Aufblitzen in ihren Augen konnte ich erkennen, daß das nicht die richtige Antwort war. »Der ist hier Hausmeister«, fügte ich brav hinzu.

»Und tut was genau?«

»Alles mögliche. Er macht Botengänge, bringt die Firmenwagen zur Inspektion, repariert die Wasserhähne, mäht den Rasen und geht für den Chef und seine Frau einkaufen.«

»Einkaufen?«

»Klar.« Ich nickte. »Seine eigene Frau schickt ihn auch immer, er ist das gewohnt.« Beinahe hätte ich noch das Zwischenlager im Kühlraum erwähnt, aber das wäre wohl zu auffällig. Besser, sie würde das selbst herausfinden.

»Und Sie?«

»Ich bin eine Mischung aus Sekretärin und Sachbearbeiterin. Briefe schreiben, Angebote machen, Kunden am Telefon beraten, Aufträge bearbeiten – was eben so dazugehört.« Mittlerweile kannte ich mich auch ziemlich gut mit den Innereien unseres Computersystems aus, aber das hatte ich bisher niemandem auf die Nase gebunden, und bei ihr würde ich ganz bestimmt nicht damit anfangen.

Die Kommissarin nickte. »Und was machen Sie sonntags hier?«

Auf diese Frage war ich vorbereitet. »Wir sind personell unterbesetzt, und weil unter der Woche einiges liegenbleibt, komme ich öfter sonntags in die Firma, um die Sachen in Ruhe aufzuarbeiten.«

Sie sah mich mit hochgezogenen Augenbrauen an. »Was heißt öfter?«

»Na ja, alle vierzehn Tage – ungefähr.« Ich konnte ja wohl schlecht zugeben, daß ich in der letzten Zeit fast jeden Sonntag hier verbrachte.

Sie schüttelte ungläubig den Kopf. »Und ich habe immer die Leute beneidet, die einen Bürojob haben. Wegen der freien Wochenenden.«

Sie machte Anstalten, wieder nach oben zu gehen. »Ich habe noch mehr Fragen, aber das machen wir später.«

»Ich laufe bestimmt nicht weg.« Schließlich hatte ich ja noch einiges zu erledigen. Aber solange die Kommissarin oben im Büro saß und mir mehr oder weniger auf die Finger schaute, konnte ich sowieso nichts machen.

Unschlüssig blieb ich in der Halle stehen und wartete auf die nächste Fuhre Polizei. Die ganze Sache drohte mir über den Kopf zu wachsen. Ruhig Blut, sagte ich mir. Tief durchatmen. Noch ist nicht aller Tage Abend. Der Computer stand noch unberührt im Büro des Chefs, mir blieb noch genug Zeit, bis die Beamten sich im Kühlraum zur Genüge ausgetobt hatten.

Ganz plötzlich überfiel mich ein beunruhigender Gedanke: Wie würde jetzt in der Firma alles weitergehen? Sollte ich die Briefe, die der Chef diktiert hatte und die ich ursprünglich mit »Nach Diktat verreist« unterschreiben sollte, denn noch abschicken? Jetzt, wo er seine letzte Reise angetreten hatte? Würde seine Frau die Firma behalten und mich jeden Tag in ihre übelriechenden Parfümwolken einhüllen? Oder würde sie an einen der vielen Konkurrenten verkaufen, die sich schon seit Monaten die Klinke in die Hand gaben? Würde ich meinen Arbeitsplatz verlieren? Wollte ich ihn überhaupt noch haben?

Ich versuchte mir auszumalen, wie der Arbeitsalltag in Zukunft aussehen würde, aber ich konnte mir einfach nicht vorstellen, daß der Chef mir nie wieder von seiner selbstgemachten Wildschweinpastete vorschwärmen, nie wieder ein Schälchen Mousse au chocolat in meinen Schreibtisch schmuggeln, mir nie wieder zuzwinkern würde. Daß er sich nie wieder über den Kaffee beschweren, schwülstige Briefe formulieren, mich zur Weißglut treiben würde.

Wir Krebse sind manchmal so entsetzlich gefühlsbetont. Wie lange ich regungslos am Eingang gestanden hatte, wußte ich nicht. Ich kam wieder zu mir, als die nächsten Autos auf den Parkplatz fuhren und die Kommissarin gerade mit Herrn Gruber die Treppe herunterpolterte. Über Ina Dehlers Kopf schwebte eine dicke, schwarze Gewitterwolke, und unser Hausmeister hatte die Unterlippe trotzig vorgeschoben. Der Kommissarin war es vermutlich nicht gelungen, ihm einen verständlichen Satz zu entlocken, und er war bestimmt vergrätzt, weil gleich der Gottesdienst anfing und ihm eine Gelegenheit entging, beim anschließenden Frühschoppen die Neuigkeiten brühwarm weiterzuerzählen.

»Kommen Sie mit«, knurrte Frau Dehler in meine Richtung.

Mußte sie mich jetzt auch noch anmaulen, nur weil

Herr Gruber ein bißchen schwierig sein konnte? Oder hatte ihr etwa mein Kaffee nicht geschmeckt?

Ein Pulk von Leuten mit Koffern, Taschen und Fotoapparaten folgte uns zum Kühlraum. Mir war ein wenig mulmig zumute. Von dem Notarzt und den Sanitätern war nichts zu sehen.

Angeblich haben Krebse ja ein großes schauspielerisches Potential, vor allem diejenigen, die zwischen 29 Grad Zwilling und 1 Grad Krebs geboren sind. Das traf auf mich zwar nicht zu, aber ich tat mein Bestes und machte große, erstaunte Kinderaugen.

»Die müßten schon längst wieder draußen sein«, sagte ich und machte ein besorgtes Gesicht. Ich streckte die Hand nach dem Türgriff aus.

»Nicht!« schrie jemand in einem weißen Einmal-Overall. Bestimmt einer von der Spurensicherung.

Als ob hier außer den Spuren von Herrn Grubers Patschhändchen noch irgendwas zu finden gewesen wäre! Die Tür zum Kühlraum ließ sich natürlich beim besten Willen nicht öffnen.

»Das verstehe ich nicht. Die Tür müßte längst wieder aufgehen.«

Die Kommissarin sah mich fragend an.

»Die Tür hat eine elektronische Öffnungszeitverzögerung«, erklärte ich. »Das heißt, wenn man sie schließt, dauert es fünfzehn Minuten, bis man sie wieder öffnen kann. Das soll verhindern, daß das Kälteaggregat überlastet wird. Außerdem geht da drinnen nach drei Minuten das Licht aus.«

»Wie wird das gesteuert?«

»Elektronisch.« Hatte ich das nicht schon gesagt? »Dort drüben ist der Schaltschrank.« Ich schritt flott darauf zu, aber diesmal war der Mann von der Spurensicherung schneller.

Mir machte es nichts aus, daß Notarzt und Sanitäter jetzt noch etwas länger in Kälte und Dunkelheit mit einer Leiche zusammensaßen; hätten sie auf mich gehört, wäre ihnen das erspart geblieben.

»Meine Fingerabdrücke sind auf dem Notschalter«, erklärte ich. »Herr Gruber hat vorhin nach einem Blick auf den Chef die Tür vor Schreck wieder zugeschmissen.«

»Sie hätten nichts anfassen dürfen«, knurrte der Mann von der Spurensicherung mich an. Auf Herrn Grubers Gesicht zeichnete sich ein befriedigtes »Wußt' ich's doch« ab.

Ich stellte mir vor, meine beiden Katzen wären unter ein Auto gekommen. Sofort füllten sich meine Augen mit Tränen. »Aber ich mußte doch da rein! Es hätte doch sein können ...« Ich verbarg das Gesicht in den Händen.

»Ist ja schon gut. Niemand macht Ihnen einen Vorwurf.«

Ich schluchzte ein bißchen.

Die Kommissarin suchte nach einem Taschentuch, fand aber keines, und ich winkte ab. Dann zog ich aus meiner Hosentasche das zerknüllte Taschentuch, mit dem ich vorhin die Programmierungstasten der Schaltuhr abgewischt hatte. Die Kommissarin schaute mich mitleidig an und fragte dann leise nach dem Inhalt des Kühlraums.

»Kontrollblut, Testseren, Äther, soviel ich weiß. Aber

ich kenne mich da nicht besonders gut aus; für das Zeug ist meine Kollegin zuständig, und die ist im Urlaub. Ich könnte aber mal im Computer nachsehen, wenn Ihnen das was nutzt. Die Kühlraumprodukte haben spezielle Artikelnummern.«

»Tun Sie das.«

Mittlerweile waren die Jungs mit dem Schaltschrank zugange und spielten Technikbaukasten. Es konnte nicht mehr lange dauern, bis sie das Geheimnis der Tür gelüftet hatten.

»Wenn Sie den Notschalter drücken –« Der angewiderte Blick des Mannes von der Spurensicherung ließ mich verstummen. Da ich keine Lust hatte, mir das vorwurfsvolle Gesicht der drei durchgefrorenen Männer anzusehen – vom eisigen Schweigen meines Chefs ganz abgesehen –, wandte ich mich zum Gehen.

»Moment mal.«

Diese Kommissarin war wirklich hartnäckig. Eigentlich bewunderte ich so etwas, aber in diesem speziellen Fall war es mir eher lästig.

»Gibt es außer dem Notschalter noch eine andere Möglichkeit, die Tür zu öffnen?«

Ich wischte mit dem Taschentuch über meine Augen. »Ich weiß nicht.«

»Sie wissen das nicht?«

Ich schüttelte den Kopf. »Ich geh da nicht rein.«

Frau Dehler nahm mich beiseite; jetzt wollte sie es ganz genau wissen.

»Ich kenne mich mit dem Kühlraum nicht richtig aus«,

gestand ich und brachte es sogar fertig, ein wenig rot zu werden. Dazu mußte ich allerdings an eine etwas hitzigere Angelegenheit denken. »Ich habe Angst, darin eingesperrt zu werden. Ich weigere mich, dort irgend etwas herauszuholen. Das macht immer meine Kollegin. Oder die Lagerarbeiter oder der Chef persönlich. Ich weiß auch gar nicht, wie das mit der Steuerung funktioniert, nur, daß man den Notschalter drücken kann, und daß dann die Tür aufgeht, egal, wie sie eingestellt ist.«

Einmal hatte der Chef mich überlistet und in den Kühlraum geschickt. Und die Tür hinter mir zugemacht. Zwar hatte die Tür innen einen Griff, aber durch die Zeitverzögerung dauerte es die üblichen fünfzehn Minuten, bis ich sie wieder öffnen konnte. Nach drei Minuten war das Licht ausgegangen. Lebendig begraben, hatte ich gedacht. So muß es sein, wenn man lebendig begraben wird. Nur noch enger. Es war die längste Viertelstunde meines Lebens gewesen.

»Na, sehen Sie, war doch halb so schlimm«, hatte er nachher gesagt.

Eine Viertelstunde später hatte ich ihm die Kündigung auf den Tisch gelegt, und da plötzlich hatte er mich angefleht, ihm das nicht anzutun. Er hatte sogar um Entschuldigung gebeten und mir das Blaue vom Himmel versprochen.

Und ich hatte ihm geglaubt.

Die Erinnerung daran mußte sich schmerzlich in meinem Gesicht widerspiegeln, denn die Stimme der Kommissarin wurde für einen Augenblick etwas weicher. »Gehen Sie ruhig hoch, ich komme gleich nach«, sagte sie.

Ich nickte und schleppte mich zu meinem Schreibtisch. Dort saß ich eine Weile einfach nur herum, starrte auf den überfüllten Ablagekorb und ließ mich von der Erkenntnis deprimieren, daß ich in Kürze unter der Arbeitslast zusammenbrechen oder entlassen würde und daß es wahrscheinlich auf der ganzen Welt keinen einzigen Job gab, der mich ausfüllte und zufriedenstellte.

Schließlich nahm ich mechanisch die Unterschriftenmappe mit den Briefen in die Hand, die unsere schwedische Kollegin getippt hatte. »Nach Diktat ver*eist*« stand unter dem Namen des Chefs. Ich kicherte hysterisch. Dann brach ich in Tränen aus.

Man sagt uns Krebsen ja nach, wir seien launisch. Sind wir nicht. Manche Menschen bezeichnen uns etwas freundlicher als die Gefühlsseismographen des Tierkreises. Das kommt schon eher hin. Wir leben nun mal auf einem Gefühlskarussell und sind heftigen Stimmungsschwankungen ausgesetzt.

Eine halbe Stunde später jedenfalls hatte sich mein Gemütszustand wieder stabilisiert. In meinem Hirn aber war immer noch ein ziemliches Durcheinander. Ich konnte beim besten Willen keine Erklärung dafür finden, daß der Chef einen blutverkrusteten Hinterkopf hatte. Ob er in dem dunklen Kühlraum gestürzt war und sich dabei den Kopf angeschlagen hatte? Oder ob nach mir noch jemand – nein, das konnte nicht sein. Ich hatte am Freitag für meine Verhältnisse pünktlich Feierabend gemacht, und ich glaubte nicht, daß noch jemand in die Firma gekommen war, nachdem ich sie verlassen hatte.

Beim Stichwort Feierabend packte mich sofort das schlechte Gewissen. Solange ich meinen Job noch hatte, wollte ich ihn auch ordentlich machen. Mein Steinbockaszendent hatte zu diesem Thema eine lästige, aber unerbittliche Meinung. Ich sah auf die Stapel von Papier, die bearbeitet werden mußten, den vollen Ablagekorb, die neuen Aufträge, und machte mich mit einem Stoßseufzer an die Arbeit. Außerdem mußte ich damit rechnen, daß die Kommissarin jeden Augenblick auftauchen konnte; was blieb mir also anderes übrig.

Ich hackte gerade wie wild auf der Tastatur herum, als Frau Dehler das Büro betrat. Mittlerweile hatte sie ihr Haar gebürstet und zu einem Zopf geflochten.

»Wann haben Sie Ihren Chef denn zum letzten Mal gesehen?« wollte sie wissen.

»Freitag nachmittag. Er wollte nach Los Angeles fliegen.«

»Um wieviel Uhr ist er gegangen?«

»Das weiß ich nicht genau.« Ich wühlte in meinem Eingangskorb. »Warten Sie mal ... hier ist es!« Ich zog ein Auftragsformular aus dem Stapel und zeigte auf die Uhrzeit. »Er hat noch einen Auftrag angenommen, das war um Viertel nach vier. Danach habe ich ihn nicht mehr gesehen.« Jedenfalls nicht mehr von vorne. Nur seinen Rükken, der in diesem verdammten Kühlraum verschwand.

»Aber Sie wissen nicht, wann er das Haus verlassen hat?«

Ich schüttelte den Kopf. »Wenn er sich oben im Büro verabschiedet, hängt er manchmal noch stundenlang im Lager herum.«

»Und Sie sind wann gegangen?«

»Um sechs«, erklärte ich wahrheitsgemäß. »Ich habe ins Lager gerufen, ob noch jemand da ist, und als niemand geantwortet hat, habe ich die Tür abgeschlossen, die Alarmanlage eingeschaltet und bin gegangen.«

»Und die Schaltuhr des Kühlraums?«

»Was ist mit der?« fragte ich unschuldig.

»Haben Sie an der was gemacht?«

»Ich?« Meine Stimme klang zutiefst gekränkt. »Ich hab Ihnen doch schon gesagt, daß ich Angst vor dem Kühlraum habe. Ich habe mich um diese Sachen nicht gekümmert. Sie wissen doch, wie das ist: Wenn man sich mit irgend etwas auskennt, muß man es auch machen.« Deshalb hatte ich auch dem Chef nicht erzählt, wieviel ich in der Zwischenzeit über unser Computersystem gelernt hatte. Sonst hätte er mir die Wartung der Anlage auch noch aufgehalst.

Die Kommissarin nickte verständnisvoll. »Wir müssen seinen Wagen finden. Das könnte uns weiterhelfen.«

»Der ist in der Werkstatt.« Ich zerstörte ihre Illusionen wirklich ungern. »Herr Gruber hat ihn am Freitagmorgen hingebracht. Der Chef fährt immer mit dem Taxi zum Flughafen.«

Frau Dehler seufzte. Sie hielt mir einen Zettel hin, auf dem »XYS2000« stand. »Haben Sie diese Nummer im Computer?«

Oha, so weit waren sie schon? Dann mußten sie den Kühlraum schon inspiziert und die Packungen gefunden haben. Ich gab die Nummer in das Suchfeld ein.

»Artikel nicht vorhanden«, meldete der Computer. Ich hatte nichts anderes erwartet.

»Was soll das eigentlich sein?« fragte ich.

»Ascorbinsäure«, erwiderte die Kommissarin. Ihre Stimme hatte sich dabei fast unmerklich verändert. Auch ihre Körperhaltung schien mir irgendwie anders.

»So was haben wir gar nicht im Sortiment.« Ich schüttelte bedauernd den Kopf, und sie verließ das Büro unter leisem Murmeln.

Es war noch gar nicht so lange her, daß ich das Geheimnis von XYS2000 entdeckt hatte. Diesen speziellen Sonntag würde ich vermutlich mein Leben lang nicht vergessen. Am Freitag hätte ich noch die Quartalsumsätze für die Außendienstleute zusammenstellen sollen, hatte es aber nicht mehr geschafft. Der Zugriff auf diese Daten war normalerweise nur vom Computer des Chefs oder seiner Frau möglich. Ich saß dazu gewöhnlich, von der Chefin mißtrauisch beäugt, in ihrem verstänkerten Büro und versuchte, bei der Arbeit ganz flach zu atmen. Natürlich kannte ich die Kennwörter der beiden nicht, dazu waren sie viel zu geheimniskrämerisch. Es ist auch gar nicht meine Art zu schnüffeln, aber in der Not knackt der Krebs bekanntlich alles.

Ich hatte mich also ins Büro des Chefs gesetzt, weil der den bequemeren Sessel hatte, und nacheinander das Geburtsdatum des Chefs, das seiner Frau und schließlich den Namen seines Sohnes ausprobiert. Kaum hatte ich »Ralph« mit ph eingegeben, wurde der Bildschirm aufgebaut.

Na bitte, ich sage doch immer, die Leute sind entsetzlich einfallslos, sowohl was Computerkennwörter angeht, als auch bei der Namensgebung ihrer Kinder. Da waren all die vertrauten Menüpunkte, und ich wollte gerade die Umsatzzahlen aufrufen, als mein Blick auf eine mir völlig fremde Zeile fiel. Ich klickte sie an, und vor mir tat sich ein ganzes Warenwirtschaftsprogramm auf. Allerdings war es nicht das, womit wir normalerweise arbeiteten, und ich konnte mir auch gar nicht erklären, wozu ein zweites Programm dieser Art gut sein sollte.

Ich rief den Artikelstamm auf, und eine einzige Nummer erschien auf dem Bildschirm: XYS2000. Als Artikelbezeichnung war »L-Ascorbinsäure« eingetragen. Menge 1 Packung, Preis 0,00 DM. Ich verstand nicht, was ich da sah. Unsere Firma verkaufte kein Vitamin C, und ich wußte auch nicht, warum sie in einen Markt einsteigen sollte, in dem es schon so viele Anbieter gab. Außerdem verschickten wir Infos, wenn wir etwas Neues hatten, und über meinen Schreibtisch war keine einzige dieser Informationen gegangen.

Die blühende Phantasie unseres Tierkreiszeichens wird ja oft sehr abfällig dargestellt, aber das Leben ist viel skurriler, als die meisten Menschen glauben, und da kann eine blühende Phantasie von großem Nutzen sein. Die Assoziationskette, die bei mir durch den Gedanken an weißes

Pulver ausgelöst wurde, brachte mich schließlich auf einen ungeheuerlichen Gedanken. Sollte mein Chef etwa mit Drogen handeln? Ich konnte mir keinen anderen Grund für seine Geheimnistuerei vorstellen. Und wo würde er sie wohl aufbewahren?

Bevor ich mich auf die Suche machte, wollte ich mir aber einen Überblick verschaffen. Wo ein Warenwirtschaftsprogramm ist, ist nämlich auch eine Verkaufsstatistik. Und ein Kundenstamm. Und wenn diese potentielle Drogengeschichte über den Computer abgewickelt wurde, würde ich hoffentlich gleich wissen, was Sache war. Wenn es nicht um Drogen ging, machte ich mich gnadenlos lächerlich, aber das würde ja außer mir niemand erfahren.

Als erstes knöpfte ich mir die Verkaufsstatistik vor. Beim Anblick der Umsatzliste verschlug es mir die Sprache, und das will bei einem Krebs schon etwas heißen! Da ging es um siebenstellige Beträge, und solche Umsätze machte man bestimmt nicht mit ein bißchen Vitamin C.

Mein Chef handelte also wirklich mit Drogen. Das verzeihe ich ihm nie, fuhr es mir durch den Kopf. Ich freute mich schon auf sein Gesicht, wenn die Polizei das Haus durchsuchen würde. Vorher wollte ich aber noch sehen, wer sich hinter den Kundennummern verbarg. Vermutlich würde mich der Polizeipräsident in sein Nachtgebet einschließen, wenn ich auch noch die Abnehmer liefern konnte.

Tatsächlich waren unter den Kundennummern Adressen eingetragen. Hatte der Chef sich wirklich so sicher gefühlt, daß er seine Schweinereien elektronisch dokumentiert hatte? So wahnwitzig das schien, es würde zu ihm passen. Immer davon überzeugt, daß er mit allem durchkam.

Einige der Namen kamen mir bekannt vor. Ich ging die Liste alphabetisch durch und stieß schließlich auf – Claudia Schiffer! Ungläubig öffnete ich den Datensatz. Mein Name, meine Adresse, die Auftragsnummern angeblich von mir getätigter Bestellungen. Die Artikelnummer war durchgehend XYS2000, die Rechnungsadresse meine. Eine separate Lieferadresse war nicht eingetragen, und es sah tatsächlich so aus, als sei ich eine der Abnehmerinnen dieses Zeugs!

Hatten mir die Umsatzzahlen die Sprache verschlagen, so trieb mir diese Niederträchtigkeit die Tränen in die Augen.

Es ist nicht weiter schwer, einen Krebs übers Ohr zu hauen. Wir glauben eisern an das Gute im Menschen und lassen uns nur ungern vom Gegenteil überzeugen. Haben wir aber einmal herausgefunden, daß uns jemand ausnutzt oder zum Narren hält, können wir unerbittlich sein.

Im Anschluß an meine Entdeckung hatte ich den Chef genauer beobachtet und festgestellt, wie gern er sich im Kühlraum aufhielt. An einem meiner üblichen Sonntage war ich dann hinuntergegangen, hatte die Tür des Kühlraums mit einem schweren Karton blockiert und mich auf die Suche gemacht. Ich brauchte nicht lange, um die Packungen im Regal zu finden. Wahrscheinlich hatte der Chef geglaubt, je sichtbarer er das Zeug hinstellte, desto weniger würde es auffallen – zu Recht, wie ich ihm zubilligen mußte.

Fröstelnd hatte ich im Kühlraum gestanden und überlegt, was ich tun sollte. Der Kühlgenerator sprang an; die Tür stand schon zu lange auf. Schließlich streifte ich ein paar Einmalhandschuhe über, nahm eines der hintersten Päckchen und ließ etwas von dem Pulver in einen Styroporbecher rieseln. Dann hinterließ ich alles so, wie ich es vorgefunden hatte, räumte den Karton an seinen Platz und machte mich mit klopfendem Herzen wieder an meine Arbeit.

Ein paar Tage später bestätigte mir eine Bekannte, die in einem Labor arbeitete, daß es sich bei dem Pulver um Kokain handelte. Ich hatte ihr weisgemacht, ich hätte es in der Jackentasche einer Kollegin gefunden und wollte sicher sein, daß es sich nicht um Natron handelte, bevor ich sie darauf ansprach.

Nachdem ich Gewißheit hatte, kannte mein Zorn keine Grenzen mehr. Was bildete sich dieser Kerl denn ein! Aber wenn ich der Polizei einen Tip gab, wie sollte ich beweisen, daß ich mit der ganzen Sache nichts zu tun hatte?

Ich fühlte mich verraten und verkauft. Wie konnte er mir das antun? Meine Gutgläubigkeit ausnutzen, meinen Respekt, meine Loyalität. Meine ganze Existenz stand auf dem Spiel!

Schadensbegrenzung, das mußte jetzt mein Ziel sein. Vorerst war nicht daran zu denken, die Daten der Polizei zugänglich zu machen. Wer wußte schon, was die daraus konstruieren würden? Es gab nur eine Möglichkeit, sie auf das alles aufmerksam zu machen und mich gleichzeitig zu schützen. Mein Datensatz mußte raus aus dem Programm!

Ina Dehler tauchte wieder auf und riß mich aus meinen Erinnerungen. Sie wedelte mit einem Blatt Papier und nuschelte »Durchsuchungsbefehl«. Ich ignorierte das Schreiben und musterte die Überbringerin nachdenklich. Sie wirkte mittlerweile ziemlich unfreundlich. Dabei hatte ich ihr nichts getan. Dann ging mir ein Licht auf.

»Sie sind Fische«, sagte ich.

Sie schaute mich verständnislos an.

»Ihr Tierkreiszeichen«, erklärte ich.

»Fische, stimmt«, sagte sie verblüfft.

»Kommen Sie mal mit.« Ich eilte in die Küche, öffnete die Schranktür mit dem süßen und salzigen Gebäck und bot ihr davon an. Immer noch erstaunt griff sie nach den Käsecrackern. Nach den ersten Bissen entspannte sie sich.

»Woher haben Sie das gewußt?« fragte sie mit vollem Mund.

»Ich kenne noch mehr Fische. Wenn man sie nicht regelmäßig füttert, verwandeln sie sich in Nörgelfische.«

Sie grinste. Ich freute mich, daß es ihr wieder besserging. Wie gesagt, Disharmonien in meiner Umwelt kann ich ganz schlecht ertragen.

»Ina, wo bleibst du denn?« hörte ich jemand rufen. »Der Hund ist da, wir können anfangen.«

»Hund? Was für ein Hund?« protestierte ich. »Wir haben Medizinprodukte im Haus, da gibt es Hygienevorschriften. Sie können nicht einfach einen Hund mitbringen!«

»Doch«, erwiderte Ina Dehler. »Wir haben hier Kokain gefunden. Sie haben den Durchsuchungsbefehl ja gelesen.«

Hatte ich nicht, aber darauf kam es jetzt wohl auch nicht an. »Kokain? Bei uns? Soll das ein Scherz sein?«

Aber sie hatte sich schon umgedreht und folgte ihrem Kollegen. Ich zuckte resigniert die Schultern. Einem Fisch Vorschriften zu machen, war sowieso völlig sinnlos.

Uns Krebsen wird übrigens nachgesagt, wir hätten nicht genug Ausdauer und unsere Leistungskurven seien von rhythmischen Höhen und Tiefen geprägt. Ich war mir nicht sicher, ob das Auf und Ab des heutigen Tages zu dieser Sorte Höhen und Tiefen gehörte; jedenfalls machte mir der Adrenalinstoß, der gerade in mein Blut gelangte, bewußt, daß keine Sekunde mehr zu verlieren war.

Es war höchste Zeit, die Spuren zu verwischen. Einen Datensatz aus dem Programm zu löschen, war eine komplizierte Angelegenheit, wenn man keine Spuren hinterlassen wollte. Es hätte bestimmt den ganzen Sonntag in Anspruch genommen, aber das war jetzt nicht mehr möglich, wo die Polizei schon im Haus war. Ich hatte nie in Erwägung gezogen, die Festplatte des Servers herauszunehmen und zu zerstören; das wäre zu auffällig.

Sicherheitshalber hatte ich mir noch eine Alternative überlegt. Vor einer Weile hatte ein EDV-Spezialist bei uns im Büro einen über das Internet eingeschleppten Virus dingfest gemacht. Zuerst waren die Umlaute in den Briefen verschwunden und durch seltsame Symbole ersetzt worden, dann rieselten die Buchstaben langsam den Bildschirm hinab. Je länger der Rechner lief, desto schlimmer wurde es. Nach zwei verzweifelten Stunden waren sämtliche Artikelnummern verschwunden, und es ging fast nichts mehr. Die Festplatte mußte komplett entseucht und neu installiert werden, und die Daten des Vortages wurden von der Sicherheitskopie aufgespielt. Der Experte hatte den Virus erwischt und für seinen heimischen Virenzoo auf Diskette gezogen.

Und ich hatte mir eine Kopie davon gemacht. Wenn ich den Virus gleich freilassen würde, lag der Server in spätestens drei Stunden völlig lahm. Ich konnte ja inzwischen die Ablage machen.

Nachdem ich den Server infiziert und die Ablage zur Hälfte erledigt hatte, fielen mir die Sicherheitskopien ein. Wenn die Daten von XYS2000 auf dem Server gewesen waren, mußten sie natürlich auch auf den Sicherheitskopien sein. Davon gab es für jeden Arbeitstag eine. Die Bänder aus dem Tresor zu entfernen – die Kombination kannten wir alle –, wäre zu auffällig, zum Löschen blieb nicht genug Zeit. Oder etwa doch?

Ich öffnete den Schrank mit unserer Messeausrüstung, nahm die DIN-A4-formatigen, mindestens einen Zentimeter dicken Magnettafeln heraus, die wir zum Befestigen großer Werbeschilder verwendeten, und ließ sie in einen dünnen Papierumschlag gleiten, den ich an günstiger Stelle im Tresor deponierte.

Das würde genügen. Ich wußte aus früherer Erfahrung, wie verheerend sich die Nähe dieser Magnettafeln auf Computerbänder auswirkte. Einmal war unsere ganze Präsentation auf der Messe deswegen ausgefallen.

Es ging bereits auf den frühen Abend zu, und die Polizei war noch immer dabei, unser Lager von Grund auf neu zu sortieren. Ein Mitarbeiter der Kommissarin hatte meine wortreiche, aber inhaltsarme Aussage aufgenommen. Mittlerweile war auch die Frau des Chefs aufgetaucht und wurde von einer anderen Mitarbeiterin gelöchert. Ich wußte nicht, ob meine Chefin in der Sache mit drinhing, aber ich würde es ganz bestimmt noch herausfinden. Früher oder später.

Wir Krebse nähern uns unserem Ziel bekanntlich seitwärts und brauchen daher länger als andere, um es zu erreichen. Wenn uns alle schon abgeschrieben haben, kommen wir aus dem Nichts, fahren die Scheren aus und kneifen zu.

Und zwar kräftig.

Mit dieser Gewißheit im Herzen polterte ich die Treppe hinunter, die Virusdiskette in der Tasche.

»Brauchen Sie mich noch?« fragte ich die Kommissarin. »Ich bin fix und fertig.«

Ich hatte den richtigen Moment abgepaßt. Sie nickte verständnisvoll. »Radeln Sie ruhig nach Hause.«

»Schönen Abend noch.« Ich nickte zurück und trat durch die Glastüren hinaus ins Freie. Streckte mich, sog die milde Abendluft tief in die Lungen.

Schade, daß ich sie hatte hintergehen müssen. Unter anderen Umständen wären wir bestimmt Freundinnen geworden.

Oder auch nicht.

Stella Duffy *Die Frau im Mond*

Die beste Zeit, einen Krebs zu fangen, ist Vollmond. Man sollte es an einem besonderen Strandabschnitt tun, den er schon lange als sein Privateigentum betrachtet – wehe dem, der dieses Reich unbefugt betritt. Der Krebs ist sowohl ein Wasser- wie auch ein Landtier. Er ist mondsüchtig, folgt dem Lauf des Nachtgestirns. Aber wenn der Krebs seinen Blick vom Mond abwendet und beschließt, dich zum Objekt seines Strebens zu machen, gibt es kein Zurück mehr. Wenn der schüchterne Krebs vorwärts – und rückwärts – und seitwärts läuft und erst einmal deinen Zeh erwischt hat, wird er ihn so schnell nicht mehr loslassen, wahrscheinlich niemals mehr.

Es begann langsam und unmerklich. Nur mit einem kleinen Stich. Es war eigentlich kein Schmerz, aber auch kein wirkliches Vergnügen. Mehr eine winzige Zellveränderung im Inneren. Sie zeichnete sich weder im Gesicht noch auf der Körperoberfläche ab, und war selbst bei völliger Nacktheit kaum zu erkennen. Luisa bemerkte erst dann eine Veränderung, als es schon zu spät war. Sie begriff seine Absichten nicht – es fiel ihr nicht einmal auf, daß er welche hatte. Und dann war alles schon viel zu weit gediehen, um noch ein Gegenmittel zu finden. Als einzig mögliche Kur gegen ihren Krebsmann blieb nur noch Rausschneiden und Ausbrennen.

Luisa hatte Charles bei der Arbeit getroffen. Sie war im Unternehmen eine wichtige Mitarbeiterin. Sie leitete ein Team von zwanzig Untergebenen, manchmal sogar mehr. Sie hatte den großen Sprung zur Vorgesetzten vor fünf Jahren gemacht und hatte sich das Vertrauen ihrer Bosse mehr als verdient. Ihre Leute waren alle höchst kreative Denker, sie aber traf die letzte Entscheidung. Sie war, wenn nötig, absolut bereit, auch die Verantwortung für große Fehler zu übernehmen. Aber große Fehler waren nie vorgekommen, und selbst die kleinen waren selten. Luisa hatte den Ruf eines Vollblut-Champions, der als Außenseiter gestartet, und dessen Talent zufällig entdeckt worden war. Sie war Autodidaktin und nicht mit dem Silberlöffel im Mund zur Welt gekommen. Das sprach zusätzlich für sie.

Luisa war direkt nach dem Schulabschluß in die Firma eingestiegen und hatte von der Pieke auf gelernt. Damals gab es in der Werbung einen Haufen Jobs für aufgeweckte junge Dinger mit eigenen Vorstellungen – und der Fähigkeit, zur rechten Zeit den Mund zu halten. Mach deinen Job, jammere nicht über Überstunden, laß dich von jedem anscheißen, gib deine Ideen an die Chefs weiter, ohne auf spezielle Belohnung zu hoffen, und beklage dich niemals, wenn er deine Ideen klaut. (Vor fünfzehn Jahren war es hoch unwahrscheinlich gewesen, daß der Chef eine Frau war). Das war lange vor der Zeit, als überall Universitätsdiplome für Medien und Marketing auftauchten, vor der Zeit, als ihr Arbeitsgebiet von ausländischen Akademikern und Weltmarktanalytikern übernommen wurde. Am Anfang lernte Luisa einfach von ihren Bossen und kopierte diejenigen, die es zuließen. Ihr Plan war, so lange auf diese Weise zu verfahren, bis sie selbst Boß wäre. Als es dann soweit war, wurde sie selbst eine ausgezeichnete Chefin, durch harte Arbeit, ein paar wenige, gut plazierte Affären, bombensichere Diskretion, aber vor allem durch ein bemerkenswertes Ausmaß natürlicher Begabungen.

Luisa verfügte nicht über die üblichen und erwarteten Qualifikationen. Sie war nicht mit jenen akademischen Graden bewehrt, die normalerweise in den Unwägbarkeiten der Arbeitswelt Schutz boten. Aber sie hatte Erfahrung, Energie und praktisches Wissen. Sie beherrschte ihr Handwerk im Schlaf, es hatte sich in unzähligen Nachtarbeitsstunden in ihren Körper eingebrannt. Und falls sie während ihres auf fünf Stunden verdichteten Nachtschlafs gelegentlich von einem Hauch von Sorgen gestört wurde, entdeckte man am Morgen keine Spuren davon auf ihrem faltenlosen Gesicht. Es war schon richtig, daß heutzutage viele Leute wegrationalisiert wurden, manchmal wurden neue Kollegen schon nach ein paar Wochen wieder gefeuert, ohne daß dabei ihre wirkliche Qualifikation eine Rolle gespielt hätte. Aber Luisa hatte ihr Wissen nicht aus Büchern. Sie verdankte alles ihrer angeborenen Schlauheit und der erstaunlichen Fähigkeit, bis zum Umfallen zu arbeiten. Wann immer sie sich bei dem Gedanken ertappte, daß vielleicht jemand mit ein paar Titeln im Namen auf sie hinabsehen könnte, erinnerte sich Luisa an ihr dickes

Bankkonto und an die Anerkennung ihrer Kollegen und unmittelbaren Vorgesetzten. Mit ihren zweiunddreißig Jahren fühlte sie sich manchmal so, als hätte sie gerade erst angefangen. Luisa hatte immer gewußt, daß sie es weit bringen würde. Dann traf sie Charles. Und das brachte sie zu weit.

Arbeit und Geld sind sehr wichtig für den Krebs. Familie ist sehr wichtig für den Krebs. Der Welt zeigt er seine äußere Schale, den harten Panzer. Dir dagegen zeigt er sein rosa Fleisch. Aber nur, wenn du außerordentliches Glück hast. Wenn du erwählt bist.

Charles war der neue Mann, der von New York gekommen war, als ganz heiße Nummer importiert, ein heller Bursche, der neue große Zampano. Er war dazu ausersehen, die Opposition auszuschalten, die Dinge geradezurücken und die Konkurrenz in die Knie zu zwingen. Er war ebenfalls dazu ausersehen, ihre Tränen zu trocknen. Aber natürlich wußte das Luisa am Anfang nicht. Sie sollte Hand in Hand mit ihm arbeiten, ihn in die lokalen Gegebenheiten einführen, ihm die Leute vorstellen und ihm die Firmenphilosophie erklären. Nachdem er sich genügend eingearbeitet hatte, sollte Charles einen eigenen Arbeitsbereich übernehmen: ihren jetzigen. Seine Anstellung sollte Luisa eine Möglichkeit eröffnen, für die sie sich schon lange eingesetzt hatte. Charles sollte die Hälfte ihrer Klienten übernehmen, damit sie genügend Freiraum hatte, sich auf ihr eigenes Baby zu konzentrieren: die Entwicklungsabteilung der Firma. Sie hatte dazu einen spannenden Vorschlag gemacht, der nicht nur vom gesamten Vorstand unterstützt wurde, sondern eigentlich von allen, einschließlich des Managements. Man war sich darüber schon lange vor Charles' Ankunft einig gewesen. Noch während seine linke Hand in Manhattan auf der anderen Seite des Ozeans den Vertrag unterschrieb, hatte man ihm ein Büro eingerichtet. Luisa hatte schon vor Monaten damit begonnen, Charles' Arbeit vorzubereiten, ohne ihn jemals persönlich getroffen zu haben. Und ohne es zu wissen, hatte sie auch damit begonnen, sich selbst für Charles vorzubereiten.

In der Woche seiner Ankunft hatte sie alles im Griff. Sein Arbeitsbereich war organisiert, seine Assistenten waren schon seit zwei Wochen instruiert und startbereit, es waren bereits fünf verschiedene Mittagessen und Willkommens-Dinners gebucht. Luisa hatte alle Termine und den neuen Mann voll durcharrangiert, jedenfalls fast. Was Luisa nicht wußte, war, daß Charles mit einer ganz eigenen Tagesordnung anreiste.

Der Krebsmann ist stolz auf seine Familie und hält sie fest zusammen. Er würde sie gern alle für immer unter seinem Panzer halten, wenn er könnte. Sie schwimmen alle in seinem Felsenteich und in seinem Kielwasser.

Charles hatte eine Frau und zwei Kinder. Seine Frau war schön, elegant, klug und im Gegensatz zu Luisa sehr gebildet. Sie betrieb ihre eigene Consulting Firma und war von der Möglichkeit begeistert, die Vorteile des Ortswechsels zu nutzen und neue Märkte zu erschließen. Sie war eine perfekte Frau. Charles' Sohn Adam war dreizehn Jahre alt. Er war intelligent und charmant, hatte das gute Aussehen seiner Mutter und die Liebenswürdigkeit seines Vaters, ein idealer Sohn. Ihre Tochter Marina hatte als kleines Baby eine kurze heftige Infektion mit Kinderlähmung erlitten. In der Folge lernte sie nur langsam sprechen und noch langsamer laufen. Aber jetzt war sie schon fast zehn. Alle Anzeichen sprachen dafür, daß sie ihren Bruder bald erreicht haben würde, ja vielleicht noch übertreffen könnte. Ihr verkümmertes linkes Bein würde nie so stark und beweglich wie ihr rechtes werden, aber seltsamerweise machte sie diese kleine Unvollkommenheit in einer ansonsten perfekten Familie um so attraktiver. Eine ideale Tochter. Eines Abends hatte Charles beim Essen erwähnt, daß für ihn vielleicht die Möglichkeit bestand, nach Europa zu gehen. Die Gattin glühte vor Bewunderung für ihren cleveren Mann und bot ihm jegliche Unterstützung, die man sich nur erhoffen konnte, die Kinder himmelten ihren perfekten Papa lächelnd an. Eine Familie wie fürs Fernsehen gemacht. Sie wären ihm überallhin gefolgt, ganz nach dem Familienideal der Fünfziger bis zur Unkenntlichkeit umkleidet mit Millennium-Schick. Charles hielt sich für einen altmodischen Mann mit modernen Tugenden. Selbst aus altem Geldadel stammend, schätzte er Wohlhabenheit außerordentlich, aber er achtete darauf, Geld nicht zum wichtigsten Lebensziel zu machen. (Das mußte er auch nicht, denn er hatte genug davon). Geld mochte also durchaus sein Fundament bilden, aber es war die Familie, die sein Haus zu einem Heim machte. Die ganze Familie – mitsamt dem australischen Kindermädchen und einem neuen Kätzchen – verließ ihr Apartment in Manhattan, ohne einen Blick des Bedauerns. Daddy rief, und die anderen drei folgten und segelten quer über den Atlantik.

Luisa holte die Familie schon am Flughafen ab. Sie bestellte Taxis für das Kindermädchen, die Kinder und das Kätzchen und fuhr Charles und seine Frau im eigenen Auto zu ihrem neuen Haus. Luisa begrüßte Charles mit Handschlag, war aber nicht überrascht, als seine Frau sie auf beide Wangen küßte. Sie heuchelte derweil Interesse für das Kätzchen. Sie führte der glücklichen Familie das wunderschöne Haus vor. Während Charles duschte und sich frisch machte, war Luisa gezwungen, mit der Gattin zu plaudern, was in ihr das Gefühl erzeugte, körperlich zu kurz und intellektuell zu klein geraten zu sein. Als sie mit Charles das Haus verließ, um ihn – makellos, wie er aus dem Bad gekommen war – zu seinem ersten Termin zu fahren, fühlte sie sich erleichtert.

»Es tut mir leid, daß wir so schnell davonhetzen müssen.«

Luisa war höflich und professionell. Sie fühlte eigentlich nichts Besonderes, was nicht bedeutet, daß nichts geschah.

Charles lächelte, schob seine linke Hand in ihre Richtung, zog sie wieder zurück, schob sie wieder vor, legte sie dann auf ihren Arm. »Kein Problem, Luisa, ich habe harte Arbeit erwartet. Aber ich bin wirklich überrascht, daß ich soviel persönliche Aufmerksamkeit erfahre. Besonders von Ihnen, denn ich weiß, wie kostbar Ihre Zeit sein muß.«

Charles beließ seine Hand einen Augenblick länger als notwendig auf ihrem Arm, und als er sie wieder wegzog, war Luisa überrascht. Sie war überrascht, daß sie enttäuscht war.

Für den Rest der Fahrt unterhielt Charles Luisa mit einer Revue seines Lebens. Er sprach von seiner starken Familienbindung, seinen Jahren auf dem College, davon, wie er seine Frau getroffen hatte, von der Geburt des ersten Kindes, seinen Karrierefortschritten, und wie enthusiastisch er die Herausforderung dieses neuen Jobs angenommen habe. Nichts davon war neu für Luisa, denn schließlich war sie es selbst gewesen, die Charles als Nachfolger ausgesucht hatte. Überraschend war eher, wie sorgfältig er sich beim Erzählen auf Details stützte. Ganz genau beschrieb er winzige Einzelheiten der Einrichtung seiner Stadtwohnung und der Sommervilla. Es war ihm sehr daran gelegen, daß sie genau begriff, wie sehr er noch an seiner verstorbenen Mutter hing. Überraschend für Luisa war, daß sie das interessierte. Denn selbst für ihr eigenes Privatleben interessierte sie sich kaum, und es wunderte sie, daß andere Leute das sehr wohl taten. Natürlich war sie sich im klaren darüber, daß Charles ihr eine redigierte Version seines Lebens auftischte, ausgewählte Stücke, die ihn offen und vertrauensselig erscheinen ließen, während er andere

Teile seiner Biographie sorgfältig abschirmte. Luisa begriff sehr wohl, daß das eine nützliche Technik war – viele Einzelheiten zu erzählen, sogar aus den verschiedensten Bereichen, und dabei zu verhindern, daß irgendwelche schwierige Fragen gestellt werden konnten.

»Ist es Ihrer Frau nicht schwergefallen, ihre eigene Arbeit zu verlassen?«

»Beunruhigt es Sie nicht, die Ausbildung Ihrer Kinder zu unterbrechen?«

»Warum erzählen Sie soviel von Ihrer Mutter?«

»Warum sind Ihre Häuser so wichtig für Sie?«

Bei ihrem ersten ordentlichen Arbeitstreffen erkannte Luisa, daß man Charles vorsichtig behandeln und führen mußte – sehr vorsichtig, falls sie die Fäden in der Hand behalten wollte und nicht selbst behandelt und geführt werden wollte. Noch war Luisa distanziert genug, das Problem wenigstens wahrzunehmen. Aber als Charles dann zu seinem eigenen Büro zurückging, hatte er bereits eine Schere angesetzt und damit ihr ursprüngliches Urteilsvermögen angegriffen. Als sie ihn dann wieder zur Cocktailstunde mit dem Vorstand abholte, war sie schon mit ihm verbunden, ohne irgend etwas davon zu wissen. Aber sie würde es herausfinden.

Der Krebsmann weiß, was er will. Er zeigt es nicht immer, er schreit seine Absichten nicht laut in die Gegend, er ist schließlich kein Löwe oder Wassermann. Er betreibt seine Sache nicht wie ein Rennen, zu dem er jeden einlädt, an den Banden zu applaudieren. Aber wenn er entschieden hat, was er will, bekommt sein Seitwärts-Tanz ein klares Ziel. Unmöglich, dann noch wegzurennen; du bist gefangen, bevor du merkst, daß du verfolgt wurdest.

Wenn man mit der Krankheit infiziert ist, wirklich infiziert ist, gibt es immer noch zwei Möglichkeiten. Man kann kämpfen und zerstören oder sich auf den Rücken legen und aufgeben. Manchmal bedeutet die Zerstörung der Krankheit, daß man einen Teil von sich selbst zerstören muß. Manchmal ist Kapitulation die beste Strategie oder auch die einzige Strategie – denn ein Kampf verschlingt ungeheuer viel Energie, und wenn keine Zeit mehr bleibt und nur noch die Krankheit regiert, warum soll man noch weiter dagegen ankämpfen. Warum nicht aufgeben und lernen, damit zu leben, anstatt am Herausreißen der Krankheit zu sterben. Manchmal erfordert die Krankheit, daß man beiden Mustern folgt. An einem Tag muß man aufgeben und das Ich einer größeren und stärkeren Macht ausliefern, und an anderen Tagen muß man grimmig und unnachgiebig kämpfen, alle Wurzeln ausreißen und jeden Tropfen des inneren Feindes herausquetschen. Das ist krebskranke Liebe – Charles ist das Gegenteil eines Onkologen: Der Facharzt trifft jeden Tag auf Leute, die zu ihm kommen in der Hoffnung auf Heilung, und wenn das nicht möglich ist, auf Linderung. Charles trifft auch jeden Tag auf neue Leute, aber dieser Krebsmann sucht sich nur die für ihn geeigneten Individuen aus. Er wählt sich ein neues Opfer, nicht immer das Nächstliegende, auch nicht immer das einfachste – aber er erkennt sie in dem Augenblick, in dem er ihrer ansichtig wird. Sie ist der Traum des Krebsmannes, eine fröhliche Familienfrau, die in sein Leben tritt, alles arrangiert, für alles sorgt und im Mondlicht glänzt, kurz: das vollkommene Mädchen. Vielleicht erinnert sie ihn an seine Mutter, seine allererste panzerharte weiche Frau. Vielleicht erinnert sie ihn auch an sich selbst – denn von dem Augenblick an, als Charles sie zum ersten Mal sieht, will er ihr dunkles Fleisch. Er will sie haben, will sie aufknacken. Er will in sie hinein.

Charles ließ sich Zeit. Er ging hinein, bewegte sich wieder heraus, machte sich schüchtern von der Seite heran, in ordentlichen, kleinen Schritten. Dieser Mann wurde in der Jahresmitte geboren, er spreizt sich über beide Hälften, er beginnt nicht mit vollem Herzen und endet ebenso halbherzig. Er gehört zum Meer, und er gehört zum Strand, er ist Ebbe, und er ist Flut. Er zieht vor und zurück, und sein auf den Panzer gemaltes Lächeln bleibt immer dasselbe. Man kann ihn nicht nur nach seinem perfekten Heim samt perfekter Frau und köstlichem Leben beurteilen – aber man sollte ihn nie übersehen oder unterschätzen, dafür ist er viel zu gefährlich. Luisa sah die Gefahr nicht kommen, sie sah nur den Glanz des Sonnenlichts und das Diamantglitzern auf dem Rücken seines hellen salzverkrusteten Panzers. Er ist wunderschön. Er weiß es. Er erwartet, daß sie es auch weiß. Charles ließ sich Zeit, aber als er sich auf sie stürzte, gab es kein Entrinnen. Für keinen von beiden. Er war ein Mann, der seine Seele gut kannte. Unglücklicherweise für Luisa kannte er ihre Seele auch.

Der Krebsmann ist ein Meister in der Kunst der Schmeichelei, er weiß genau, wann eine Frau Herzen und Blumen braucht, tiefe Leidenschaft ersehnt oder irres Gelächter. Er kann seine Geheimnisse gut rationieren. Denn wenn sie schließlich ihr gesamtes Herz ausgeschüttet hat, wird die hoffnungsfrohe Liebhaberin feststellen, daß der Krebsmann all ihre Geheimnisse kennt und er gerade erst damit begonnen hat, Wahrheiten über seine gequälte Seele zu enthüllen. Der Krebs ist ein guter Fischer.

Charles griff sie sich in einer Zangenbewegung. In einem Augenblick war er ganz Panzer und hart arbeitender Geschäftsmann, im nächsten Augenblick zeigte er seine weiche Unterseite und signalisierte, nimm mich, lieb mich, brich mich auf und komm in mich hinein.

Luisa war an solche Aufmerksamkeit nicht gewöhnt. Sie war eine kleine, dunkle und blasse Person, nicht direkt unattraktiv, aber nicht eigentlich etwas Besonderes. Sie war nicht auffällig. Es gab keinen Grund, warum sie jemandem auffallen sollte. Aber Charles fiel sie auf. Charles lächelte, wenn er morgens in ihr Büro trat. Er lächelte alle an, wenn er die Korridore entlangglitt und in Büros hinein- und herausschuschte und dabei nach Händen und Armen griff. Er driftete durch das Gebäude, machte sich bekannt. Er wendete jeden Tag Zeit dafür auf, seine Gegenwart fühlbar zu machen. Regelmäßig platzte er in Luisas Büro und lächelte ein Speziallächeln, nur für sie. Ein Seitenblick, ein Zwinkern, eine flüchtige Berührung ihres Handrückens. Von außen wirkte es wie die herzlichen Begrüßungen, die er allen angedeihen ließ, aber bei ihr war es mehr. Manchmal, wenn sie nicht an ihrem Platz war, hinterließ er eine Notiz auf dem Schreibtisch. Nichts Enthüllendes oder allzu Direktes. Nur ein »Hi, hoffe, Ihnen geht's gut heute morgen«. Es war eigentlich nichts, außer daß er einen Weg in sie hinein fand, daß er sehr tief in sie hineinkam. Und als er tief genug war, begann er mit seiner eigentlichen Arbeit.

Der Krebs trägt sein Heim mit sich herum. Niemand wird eindringen, wenn er es verhindern kann. Er selbst ist sowohl der Panzer wie auch die Angriffsbewegung. Er entscheidet über den Augenblick des Angriffs.

Sie hatten ein Verhältnis. Immer in ihrem Apartment, nie in seinem Haus. Und natürlich nicht im Büro – sein Job, ihr Job, beide viel zu wichtig. Aber im Privatleben, auf dem heißen Strand ihrer Bettlaken, landeten sie im Sturzflug eines Begehrens, das beide überraschte. Die Lust erschütterte beide wie ein Seebeben. Charles war nicht ohne Erfahrung, er hatte höfliche kleine Affären gehabt, diskrete Überdruckventile für ein ansonsten perfektes Leben. Selbst er war überrascht, wie tief Luisa in ihn eindrang. Sie hatte einen Kopfsprung gemacht, sich eingegraben und festgesetzt. Aber Charles hatte sich unter Kontrolle. Er war die personifizierte Kontrolle. Er wußte, was er wollte, und war überaus erfreut, wie reichlich er davon erhielt. Er nahm alles, beobachtete seine eigenen Reaktionen sorgfältig, sah, wie gefährlich nah er am Abgrund stand, und trat zurück, hielt sich zurück. Der seitwärts gehende Krebs sammelte sich wieder. Er war der kochenden Leidenschaft sehr nahe gekommen, hatte die dampfenden Gewässer getestet, und war zurückgesprungen. Nicht so Luisa.

Was hätte sie tun können? Sie war Single, eine Karrierefrau, gerade in dem Alter, da die biologische Uhr zum ersten Mal tickt. So stolz sie auch auf ihre Karriere und ihre Zukunftsaussichten war – sich mit Charles zu amüsieren erinnerte sie daran, was es noch anderes geben könnte, außerhalb des Büros, jenseits des Unternehmens. Wie lange würde sie noch arbeiten, bis sie nichts mehr außer Arbeit hatte? Charles hatte diese perfekte Familie – das wußte sie, schließlich hatte sie sie kennengelernt. Er hatte dieses wundervolle Haus – auch das konnte sie beurteilen, sie hatte es schließlich selbst ausgesucht. Und er hatte diesen großartigen Job – den kannte sie nun aus dem Effeff, schließlich hatte sie selbst ihm den ihren übergeben. Natürlich ging es auch mit ihrer neuen Abteilung sehr gut. Es war ihr eigenes Werk, ihr eigenes Nest, das sie Tag für Tag sorgfältig zusammengetragen hatte, für das sie ebenfalls Tag für Tag neue Zustimmung und Lob einheimste. Aber ihre Begegnung mit Charles gemahnte Luisa daran, daß ihr Leben bis jetzt ausschließlich aus ihrem Job bestand. Ausgenommen von ein paar zum Scheitern verurteilten Büroaffären, die sie meistens nur eingegangen war, um sich eine Sprosse höher auf der Karriereleiter zu hieven, war nichts gewesen. Es ging ihr auch gar nicht darum, daß sie keine hart arbeitende Frau sein wollte, sie wollte nur auch den Rest haben.

Denn Luisa war schließlich auch ein Krebs. Sie wollte auch ein Heim und Sicherheit, damit sie sich unter ihrem Panzer verstecken konnte. Sie wollte ebenfalls ihr perfektes Haus mit sich herumtragen, aber sie hatte, wie so viele Frauen ihres Alters, entdeckt, daß ihre frauenbewegten Mütter vergessen hatten, den Bossen gegenüber zu erwähnen, daß die jungen Frauen auch wollten, was die Männer für selbstverständlich hielten. Luisa hatte keine bilderbuchperfekte Ehefrau, die zu Hause auf sie wartete, das Essen auf den Tisch brachte und im gemeinsamen Bett bereitlag. Luisa hatte nur ihr Büro und ihre Karriere, und ganz unten auf der Prioritätenliste standen ihre Sehnsüchte. Sie wollte jetzt auch haben, was er hatte. Als sie unter seinen Panzer, unter seinen Zauber, geraten war, hatte sie Geschmack an diesen Möglichkeiten gefunden. Wie es sich wohl anfühlen würde – die Liebe, das Leben und die Karriere? Und es fühlte sich zu gut an, sie mußte es haben. Nicht gleich natürlich. Am Anfang fühlte sie ohnehin nur ihn.

Das Krebsmädchen ist eine verrückte Frau, eine Mondfrau, eine glücklich lächelnde weinende Frau. Außerdem ist sie sehr klug. Sie hält Ausschau nach einem Felsen, nach dem sie ihren Anker auswerfen kann. Entweder ist es das Heim, die Arbeit, oder er. Für gewöhnlich ist sie kultiviert, intelligent, wundervoll und talentiert, eine charmante Mondgöttin, deren strahlendes Lächeln von freudiger Kreativität zeugt. Aber nur, wenn sie einen sicheren Hort hat. Einen Hort, den sie mit jemandem teilt, den sie liebt und dem sie traut. Die Wellen können sie allzuleicht ins Verderben reißen.

Charles sah das alles, als er Luisa zum ersten Mal traf, denn Charles hatte dieselben Wünsche. Er drang ein. Charles fand seinen Weg zu ihrer weichen Unterseite, zeigte ihr seine eigene, sie zeigte ihm seine. Er griff sie sich und umklammerte ihr Herz fest mit seinen scharfen Scheren. Charles kam rein und blieb dort. Selbst wenn er nicht in der Nähe war, konnte Luisa ihn fühlen. Wenn sie durch ihr kleines Apartment tigerte, sah sie nur die imaginären Körperlinien an der Wand, gegen die sie in leidenschaftlichem Kuß gesunken war, die nassen Handtücher mit dem Duft seiner Haut, die er nach der Dusche hatte auf den Boden fallen lassen, der Abdruck auf ihrem Bett, wo jetzt sein Körper eigentlich liegen sollte. Er hatte sich angewöhnt, saubere Hemden in ihrem Apartment zu deponieren, weil er immer perfekt gekleidet sein wollte, etwas Frisches anziehen wollte, bevor er nach Hause zurückkehrte. Auch Charles' Haus war in einem frischen und perfekten Zustand. Luisa betrachtete ihre Wohnung schon lange nicht mehr als ein Heim. Es war nichts weiter als eine trockene Sandgrube geworden, die sie für den Mann bereithielt. Sie wartete auf die Welle, die ihn hineinspülen und sie wieder anfüllen würde.

Charles beschloß, daß er jeden Freitagabend zu Luisa

kommen würde. Sie konnten dann in aller Freundschaft gemeinsam das Büro verlassen. Sie würde ihn heimfahren, denn sein Haus lag an ihrem Weg, das sparte Benzin und hatte einen grünen Touch, jedenfalls war es gut für die Umwelt. Obwohl sie niemals sein Auto benutzten. Das war noch viel sparsamer und umweltbewußter für Charles' Geldbeutel. Er kam dann für exakt neunzig Minuten zu Luisa, dann verließ er sie, und kehrte für die Wochenendaktivitäten zu seiner Familie zurück. Einmal spülte Luisa zwei Tage lang seine Kaffeetasse nicht ab, als er mit seiner Familie ans Meer gefahren war. Sie ließ seine Tasse auf dem Tisch stehen, nahm sie mit zur Arbeit und führte sie an den Mund an der Stelle, wo seine Lippen gewesen waren. Charles spielte mit seiner Familie an Felswasserlöchern und fischte Krabben. Luisa arbeitete das ganze Wochenende im Büro, um den Schmerz zu betäuben, und hielt die ganze Zeit seine Tasse an die Lippen, atmete alles ein, was er gewesen war.

Krebs wird von den Gezeiten bestimmt, die der Mond in Ebbe und Flut teilt. Er ist nur beständig in der Dauerhaftigkeit seiner Veränderungen. Er ist das Zeitzeichen, das Gezeitenzeichen, wo Leiden eine Kunstform ist und Tränen wahre Schönheit bedeuten. Er kann im selben Atemzug den Mond laut anheulen und auslachen, im selben Moment an- und abfluten.

Charles war ihre Krankheit. Luisa litt an ihm. Für ihn, in ihm, ohne ihn. Als sie ihre exzessive Bedürftigkeit endlich erkannt hatte, war sie zuerst schockiert. Und dann erfreut. Danach hatte sie sich schon lange gesehnt. Oft ohne es genau zu wissen. Ihre Sternschnuppenseele hatte das ersehnt. Sie war eine Stummfilmheldin, die sich in seiner Lust sonnte, die in erwiderter Leidenschaft nachglühte. Ohne ihn siechte Luisa dahin – sie beobachtete sich dabei, und fand, daß es gut aussah. Mit ihm glänzte sie. Es war köstlich, es fühlte sich vollkommen an. Und am Anfang war es auch vollkommen. Eine neue Krankheit, eine neue Garderobe für die Leidenschaften. Sie war eine tragische Heroine, und sie liebte sich selbst dafür, allerdings nicht allzu lang. Viel zu schnell begann es zu schmerzen. Charles konnte an den Abenden nicht mit ihr sprechen, auch nicht an den Wochenenden, rief sie nicht zurück an einsamen Sonntagabenden, wenn sie auf seinem Handy eine Nachricht hinterlassen hatte, ignorierte sie praktisch im Büro – zur Sicherheit natürlich. Außer gelegentlichen verstohlenen Küssen und dieser einen Nummer auf ihrem Schreibtisch und ein bißchen Fummelei im Lift. Dann kam es dahin, daß sie fast den ganzen Tag eine große stechende Begierde fühlte, die sie nicht befriedigen konnte. Ein wenig konnte sie schon, bekam aber nur kleine Portionen, aber sie konnte niemals den ganzen Kuchen haben. Luisa konnte von ihrem Erwählten nicht alles haben, von ihm, der sie gewählt hatte, und es begann, sie innerlich aufzufressen. Charles war ihre wundervolle Krankheit, und sie begriff erst, daß er sie krank machte, als er schon in ihr saß und wucherte.

Die Krebsfrau wird sich heroisch für ihren Partner aufopfern – oder für ein Kind oder ein Projekt, an das sie glaubt. Sie überlegt sich, wie sie vorgehen will, und bleibt dabei, bleibt dabei bis zum Ende. Ob es bitter ist oder nicht.

Luisa vernachlässigte ihren Job in der Firma nicht. Das hatte sie sich antrainiert, Karrierefrau zu sein war ihr zur zweiten Natur geworden, so daß sie nie zugelassen hätte, daß ihr Arbeitsleben litt. Die erfolgreiche Lady im elegantesten Kostüm zu sein war ihr größter Wunsch gewesen, seit sie das kühle, verchromte Foyer des Firmengebäudes betreten hatte. Unter keinen Umständen wäre Charles in der Lage, die konzentrierte und kreative Effektivität, die sie jeden Morgen in das Gebäude brachte, zu unterminieren, auch nicht durch den schweren Wellengang, den er in ihrem Leben verursachte. Charles war da, im Büro, er war Bestandteil der klimatisierten Luft, die sie umwehte. Er war die Essenz in allem, was sie tat. Sie blieb weiterhin erfolgreich, trieb den Laden voran, brachte das Unternehmen zu immer neuen Höhen. Zum Teil war sie so dynamisch, weil Charles am Ort war. Seine Nähe vitalisierte sie. Luisa vernachlässigte nicht ihren Bürojob, sondern ihr Leben. Luisa säuberte und wienerte ihre Wohnung jeden Freitag vor der Dämmerung. Sie stand um fünf Uhr morgens auf, damit alles für die eineinhalb Stunden perfekt wäre, die Charles am Abend in ihrer Wohnung verbringen würde. Sie kaufte zur Mittagspause ein und trug die köstlichsten Pasteten und die verführerischsten Weine nach Hause. Freitag abend zwischen sechs und halb acht war ihr

Heim ein paradiesischer Strand. In der restlichen Zeit war es eine verdorrte Wüste. Eine verkrustete Öde, eine verödete Luisa, was für eine Verschwendung. Sie war ein Ausbund von Energie im Büro, ein phantastischer Profi, für den keine Aufgabe zu groß und keine kleine Pflicht zu lästig war. Aber Luisa stellte fest, daß sie vergaß zu essen, wenn Charles nicht bei ihr war, und vergaß zu trinken, wenn sie ihm nicht gleichzeitig einschenkte. Ja, sie vergaß sogar zu existieren, wenn er nicht in der Nähe war.

Die Krebsfrau folgt der Richtung des Mondstrahls. Sie wird entschieden voranschreiten, selbst wenn das trügerische silberne Licht sie in die tiefsten und gefährlichsten Wasser leitet.

Luisa wollte alles von Charles. Charles konnte nicht alles von sich geben. Und selbst wenn er gekonnt hätte, wollte er es ja gar nicht. Er hatte ja schon eine Frau, die alles von ihm verlangte, er hatte Kinder, die alles von ihm verlangten, und einen Job, der alles von ihm verlangte. Für Luisa war da nichts mehr einzufordern. Sie wußte, daß das nicht gut war. Selbst mitten im Strudel der Begierde wußte sie, daß das nicht gut war. Also entwickelte Luisa, die Geschäftsfrau, eine neue Strategie. Sie hatte einen lichten Moment. Sie würde Charles zu einem Projekt wie andere Arbeitsprojekte auch machen. Wenn er nicht anwesend war, würde sie ihn aus ihren Gedanken verbannen. Er würde zu einem Bürotraum werden. Die Idee war großartig, aber sie war völlig unpraktikabel. Außerdem war es dazu schon zu spät. Schon als sie damit begann, wußte Luisa, daß sie sich selbst etwas vormachte. Charles hatte sich in sie hineingegraben und wuchs in ihr.

Der Krebs ist furchtbar in seiner Beharrlichkeit. Es ist sehr unwahrscheinlich, daß er ohne einen Kampf losläßt. Er würde lieber eine Schere verlieren, als daß er dich losläßt. Schließlich kann er immer neue Scherenarme nachwachsen lassen.

Als sie versuchte, ihn herauszuschneiden, hatte ihr Krebsmann schon einen anderen Weg gefunden, in sie hineinzukommen. Ihn herauszuschneiden funktionierte nicht – ihn drei Tage nicht anzurufen, oder ihr eigenes Telefon zwei Tage nicht abzuheben. Auf der Arbeit fand Charles immer Vorwände, mit ihr Kontakt aufzunehmen, und außerdem steigerte die Kommunikationsverweigerung noch ihre eigene Sehnsucht, mit ihm zu reden. Die Entscheidung, nicht an ihn zu denken, machte ihn um so heimischer in all ihren Gedanken. Wenn sie Hunger bekam, dachte sie daran, wie er aß, wie er lachte, wie er in der Kantine saß, die sie seit geraumer Zeit mied. Wenn sie durstig war, dachte sie daran, wie sie mit ihm getrunken hatte. Kalter Wein, heißer Kaffee, wie sie die Flüssigkeit von seinen Lippen gesogen hatte, wie sie ihn heruntergeschluckt hatte, fühlte, wie seine Kühle ihren Rachen herunterglitt. Wenn sie schlief, wachte sie auf und hoffte, er würde neben ihr liegen. Dann weinte sie, und die Tränen rannen heiß und salzig ihren Schlund hinunter und verätzten ihr zartes Fleisch mit Erinnerungsspuren. Jedesmal, wenn sie sich vormachte, daß Charles nicht ständig in ihren Gedanken war, brannte sich die Erinnerung an ihn tiefer in ihren Augenhintergrund. Jedesmal, wenn sie ihn aus sich herausgraben wollte, hefteten sich die Ranken des Begehrens tiefer in ihrem Inneren fest. Sie hatte Charles erlaubt, ein Teil von ihr zu werden, und die Körperzellen, in der seine Leidenschaft und ihre erwiderte Liebe nachzitterten, vervielfältigten sich ständig. Sie übernahmen das Kommando, weil sie sie dazu eingeladen hatte. Er war ihr Krebsmann, und sie hatte zugelassen, daß er Teil ihrer Zellstruktur geworden war, hatte ihn bei vollem Bewußtsein in ihr Leben eingeladen. Luisa war klar, daß sie ihn dazu ermutigt hatte, ein Teil von ihr zu werden – sie hatte gehofft, Charles würde ihr Fluchtpunkt werden, auch dann noch, als sie längst wußte, daß er ihr toter Punkt war. Charles liebte das alles. Jeden Moment davon.

Natürlich ist es wichtig, eine Krebsfrau niemals zu weit zu treiben. Schon ein Krebsmädchen hat einen grimmigen und bösartigen Zangengriff. Vielleicht läßt sie sich aus der Gefahrenzone treiben, wenn es noch geht, sie wird ziemlich häufig zum Opfer ihrer eigenen Launen. Aber wenn sie in die Enge getrieben wird – oder wenn Vollmond regiert –, dann greift sie an und kämpft bis zum letzten Atemzug.

Am Ende einer langen Woche, nach weiteren eineinhalb Stunden eingegrenzter Leidenschaft, nachdem Charles gegangen war und ihre Wohnung kalt und leer zurückgelassen hatte, wachte Luisa auf und sah sich um. Sie sah die Trostlosigkeit und erkannte, was für ein Wrack sie geworden war. Und als schnelle, clevere Krebsin erkannte sie plötzlich, daß es Zeit war, dem Ganzen ein Ende zu machen. Jetzt wußte sie, daß sie ihn herausschneiden mußte. Sie mußte sich entwöhnen. Koste es, was es wolle. Aufhören, einfach so. Der Sache ein Ende machen. Es gab keine andere Lösung, die Krankheit hatte sich zu weit ausgebreitet. Schneiden und Ausbrennen. Charles hatte Luisa fest in seinem Zangengriff. Sie würde Gewalt anwenden müssen, damit er losließ.

Krebs in Mayonnaise, gedünsteter Krebs, Krebssalat. Kanisu – japanische Krebse und Gurkenbrötchen. Krabben und Gurkensalat. Blätterteigpasteten gefüllt mit Krebsen und Koriander. Krebskuchen, Krebs-Suppe, Krebs-Cannelloni mit Tomatensoße. Krabben, Orangenfilets und Avocadosalat. Mit süßem Paprika marinierte Krebse, in leichtem Bierteig ausgebacken, Krebs-Omelette, Krebs-Rösti, frischer Krebssalat mit Balsamico Vinaigrette.

Zuerst aber mußt du deinen Krebs fangen.

Fang den Krebs in einem Felsenloch mit frischem Meerwasser, an dem Strand, an dem er sich am wohlsten fühlt.

Luisa bahnte sich vorsichtig ihren Weg in Charles' Festung. Sie verkleidete sich als Aushilfskindermädchen, als das echte krank war. Der ständig hungrige australische

Teenager litt an einer Lebensmittelvergiftung, die von einem Krabbensandwich stammte, das Luisa ihr eine Nacht zuvor auf der Straße verkauft hatte – Janets Appetit war schon immer ihre Achillesferse gewesen. Genau wie Charles allzu gefräßige Leidenschaft die seinige war. Die vorausschauende Gattin hatte eben deshalb ein fettes Kindermädchen vom Lande engagiert.

Isolieren Sie die Krankheit, damit Sie die Behandlung an dem am meisten gefährdeten Gebiet ansetzen können. Damit verringern Sie die Gefahr, benachbarte Gebiete in Mitleidenschaft zu ziehen.

Luisa gelang es, den Chauffeur davon zu überzeugen, daß sie die Kinder heute zur Schule bringen würde. Sie hatte sie nur einmal auf dem Flughafen getroffen, und die beiden Kleinen waren wegen des neuen Landes und des neuen Lebens viel zu aufgeregt gewesen, um sich jetzt noch an sie zu erinnern. Luisa machte es sich in Charles' Arbeitszimmer bequem.

Versuch erst gar nicht, den Krebs zu fangen, wenn er bewegungslos und ruhig dasitzt, da wird er dich immer kommen sehen. Du wirst deinen Krebs mit größerer Wahrscheinlichkeit fangen, wenn das Wasser aufgewühlt ist und der Krebs mit anderen Dingen beschäftigt ist.

Die »Vertretung« für das Kindermädchen tauchte nach der Schule nicht auf, um die Kinder abzuholen. Charles wurde deshalb aus einer wichtigen Konferenz herausgerufen. Luisa hatte in ihrem Büro keine Nachricht hinterlassen, warum sie nicht auftauchte, also konnte er ihr diesmal nicht seine Probleme auf den Schreibtisch kippen. Als es Charles schließlich gelungen war, seine Kinder zu einer neuen Freundin seiner Frau und deren Kindern nach Hause zu bringen, und er zurück ins Büro gehastet war, um noch ein paar unerledigte Angelegenheiten zu regeln, bevor er heimfuhr war er ziemlich durcheinander. Und Luisa hatte keinen seiner Anrufe beantwortet. Er war aufgeregt und wütend. Und nicht vorsichtig.

Paß auf deine verletzlichen Finger und Zehen auf, greif den Krebs am Panzer und halte ihn weit über dem Boden. Unter der starken roten Schale wirst du das verletzliche, bleiche weiße Fleisch erkennen. Köstliches Fleisch.

»Hallo Charles«

Wirf den Krebs so schnell wie menschenmöglich in kochendes Wasser. Verschwende auf dem Weg dahin keine Zeit. Das gesalzene Wasser sollte so heiß sein, daß dicke Blasen aufsteigen und es richtig kocht.

Luisa warf sich quer durch den Raum Charles entgegen und küßte ihn hart und schnell, sie nutzte den Überraschungseffekt. Überwältigte ihn zum allerersten Mal in seinem eigenen Heim. Charles brach eine seiner Grundregeln. Aber Luisa war zu stark für ihn, sie war einfach zu viel, zu machtvoll. Und schließlich tat sie nur, was er ohnehin wirklich gewollt hatte. Sie hier zu besitzen, in seinem Haus, dem Allerheiligsten. Einmal wagemutig sein, nur einmal die eigenen Regeln brechen. Sie hatte das gewußt.

Halten Sie das Wasser auf hoher Temperatur am Kochen.

Luisa nahm ihn noch immer, nahm ihn in sich hinein, als seine wunderschöne perfekte Frau ihr eigenes Schlafzimmer betrat. Luisa hatte im Arbeitszimmer den Anrufbeantworter gehört, als seine Frau ihm eine Nachricht darauf gesprochen hatte. Sie hatte ebenfalls von dem Problem mit der Schule gehört und würde den ersten Zug nach Hause nehmen. Sie würde die Kinder auf dem Heimweg abholen. Die jungen und noch stark zu beeindruckenden Kinder standen auf der Schwelle und beobachteten, wie ihre Mutter den Vater konfrontierte.

Nimm den Krebs vorsichtig aus dem kochenden Wasser.

Die Frau kehrte samt Kindern nach New York zurück. Sie nahmen das Kindermädchen mit. Und das Kätzchen. Aber nicht Charles.

Dann wirf den immer noch heißen Krebs in Eiswasser und kühle ihn sehr schnell herunter.

Charles kam ohne seine wunderschöne Frau und die Gutenachtküsse seiner hübschen Kinder nicht zurecht. Seine Arbeit begann darunter zu leiden.

Sowohl Chemo- wie auch Strahlentherapie beinhalten das Risiko von kollateralen Schädigungen des umgebenden Gewebes oder anderer Organe. Die meisten Krebspatienten erkennen an, daß diese potentiellen Schäden eine akzeptable Gefahr darstellen, wenn man dafür das größere Problem lösen kann.

Sie konnten ihm nicht helfen, denn er kam ganz offensichtlich nicht mehr zurecht. Es war alles zuviel für ihn – die Firma sah sich gezwungen, Charles gehen zu lassen. Luisa mußte ihr neues Projekt aufgeben und auf ihre ursprüngliche Position zurückkehren. Sie empfand darüber wenig Bedauern. Sie akzeptierte freundlich Charles' höheres Gehalt und sein größeres Büro und seinen besseren Dienstwagen.

Nimm eine kleine Gabel und zupfe damit vorsichtig das weiche Krebsfleisch heraus. Die Scheren kann man leicht mit einem Nußknacker oder einem kleinen Hammer zertrümmern – das Fleisch darin ist oft noch süßer.

Luisa war überhaupt nicht an Charles' neuer kleiner Sekretärin interessiert. Sie interessierte sich für handwerkliche Fähigkeiten und Pünktlichkeit und völlige Loyalität. Die Sekretärin kündigte sehr bald.

Es lohnt sich, für das saftigste Fleisch ein wenig mehr Mühe auf sich zu nehmen.

Charles segelte über den Atlantik zurück, um einen zweiten Versuch mit dem Familienglück zu machen. Er wußte, daß es harte Arbeit erfordern würde, aber er war ein zäher Bursche, und er wollte es mit aller Macht. Aber er war auch voller Angst.

Es mag fünf Jahre dauern, bis man sich mit einiger Sicherheit als geheilt betrachten kann. Aber wenn die Patienten achtsam sind und einige Regeln befolgen, können sie sehr wohl ein langes und fruchtbares Leben haben.

Luisa beschloß dann, sich für eine Weile ganz der Arbeit zu widmen. Sie trug noch immer die Narben von Charles Scheren. Und eigentlich war es ihr genug, mit den Fingernägeln über die Vernarbungen zu streichen. Jedenfalls für den Moment.

Das Fleisch sollte frisch sein und auf der Zunge zergehen. Genieße die Früchte deiner harten Arbeit.

Schließlich ersetzte Luisa die Sekretärin durch einen persönlichen Assistenten. Es war ein charmanter junger Mann, ohne Familie und mit einer Unzahl exquisiter Fähigkeiten. Nicht alle bezogen sich auf seine Arbeit am Schreibtisch.

Es ist nie weise, eine schlafende Krebsfrau zu stören. Sie könnte sehr empfindlich darauf reagieren. Die Krebsfrau hat eine zarte und zerbrechliche Seele. Wie der Mond kann sie sich über Nacht drehen. Hüte dich vor der Frau im Mond.

Aus dem Amerikanischen von Gabriele Dietze

Saskia Betula

Die Morde des Doktor Eder

Wenn man aus der Kantine des Reaktorzentrums zum Fenster hinaussah, verdeckte eine Bauhütte den freien Blick auf das Areal. Das fahle, stellenweise verwitterte Holz der seit einigen Wochen vorübergehend hier aufgestellten Hütte erinnerte ihn an die Scheune des Bauernhofs, auf dem er aufgewachsen war. Das riesige Scheunentor hatte immer fürchterlich in den Angeln gequietscht, wenn man es auf- oder zumachte. Manchmal hatten er und sein kleinerer Bruder sich an die große Türschnalle geklammert, die Beine auf den Querbalken der Innenseite des Tors gestellt und sich nach ein paar Schritten Anlauf vom Tor nach außen oder wieder zurücktragen lassen, hin und her.

Dr. Kurt Eder ertappte sich dabei, wie er beinahe selber in eine schaukelnde Bewegung verfiel. Irritiert starrte er auf das Stück Zeitungspapier, das ihm sein Kollege gerade hingeschoben hatte. Was hatte er nun wieder überhört? Vielleicht eine Warnung? Oder war er in eine Falle getappt? Auf dem Rand eines herausgerissenen Stücks Zeitung standen ein Name und eine Telephonnummer.

»Er ist wirklich ein hervorragender Internist«, hörte er Spann sagen. Zu dumm, es war also doch aufgefallen, daß ihm während des Mittagessens – wie so häufig in letzter Zeit – nach den ersten Bissen übel geworden war. Er hatte schon gestern fürsorgliche Ratschläge sowie Pseudo-Diagnosen über den vermutlich psychosomatischen Ursprung seiner Beschwerden über sich ergehen lassen müssen.

Langsam schlürfte Eder seinen Kaffee. Die anderen hatten ihn endlich allein gelassen und waren schon zurück an ihre Arbeit gegangen. Spielerisch drehte er den Papierfetzen in der Hand und überflog gedankenverloren den abgerissenen Zeitungsartikel: Auf der anderen Seite stand das Horoskop für das Sternzeichen Krebs. Vermutlich hatte Kollege Spann aus halb-ernster Neugier die Seite aus der Tageszeitung gerissen und dann doch wieder das Interesse daran verloren und sie für die Notiz verwendet. Zweifellos bereitete es ihm kein geringes Vergnügen, auf die Schwäche und das Mißgeschick eines alten Rivalen scheinbar einfühlsam einzugehen. Möglicherweise schickte er ihn zu einem Arzt, mit dem er unter einer Decke steckte und der ihn vielleicht sogar überreden sollte, in Frühpension zu gehen. Eder erinnerte sich nun, daß Spann im Sommer seinen Geburtstag gefeiert hatte. Bei der Feier im Büro war das Gespräch unweigerlich auf Sternzeichen gekommen, und es hatte sich herausgestellt, daß Spann ein Krebs war.

Krebse hatte Eder noch nie leiden mögen. Seinem Eindruck nach setzten sie sich mit Hilfe ihrer gerühmten Sensibilität unglaublich in Szene und forderten immer Rücksicht auf ihre Verletzlichkeit und Schwäche. Auch sein jüngerer, früh verstorbener Bruder war in diesem Sternzeichen geboren. Spann entsprach ganz diesem Bild des Sensiblen, der seinen Vorteil aus seinem Einfühlungsvermögen zog. Wie ein Chamäleon paßte er sich den jeweils Einflußreichen an. Im geheimen warf er ihm seine undurchsichtige Rolle bei den Rationalisierungen im Forschungszentrum vor. Spann war mit dem kaufmännischen Geschäftsführer eng befreundet und hatte das Forschungsprojekt zweifellos von Eder nicht ausreichend unterstützt, sonst hätte es nie und nimmer so endgültig abgelehnt werden können.

Eder nahm einen großen Schluck, so als wollte er die aufkeimende Furcht vor Schlimmerem wegspülen; aber der Verdacht blieb, daß diese Ablehnung nur der Auftakt war und man eigentlich plante, auch ihn selber wegzurationalisieren, wie das im letzten halben Jahr bereits zwei Kollegen passiert war. Eder löste seinen Krawattenknopf, er war zu eng, alles wurde hier zu eng. Heute war keine Sitzung mehr, und so zog er die Krawatte bedächtig herunter, rollte sie ein und steckte sie in die Tasche. Ihm fiel der »Krawattenmörder« ein, ein Krimi, den er unlängst im Nachtprogramm gesehen hatte, aber vor dessen Ende er leider eingeschlafen war. Plötzlich war ihm, als hätte er ein wichtiges Werkzeug aus der Hand gegeben, mit dem er sein Problem hätte lösen können.

Im Gegensatz zu dem gutaussehenden Spann war Eder unattraktiv. Sein Stiernacken ging so formlos in den breiten Rücken über, daß er an die verschmolzenen Kopf- und Brustsegmente mancher Krebsformen erinnerte. Und tatsächlich schien der eingezogene Kopf und die gekrümmte Haltung eine geheime Suche nach Schutz auszudrücken, ganz wie bei dem Chitinpanzer der wasserbewohnenden Gliederfüßler.

Er verließ die Kantine, ging in sein Büro zurück und beschloß, aufgrund der Magenschmerzen heute früher heimzugehen und dafür morgen, am Samstag, wiederzukommen, wenn ihn seine Kollegen voraussichtlich nicht bei der Arbeit stören würden. Er teilte das Büro mit dem Kollegen Spann, und als er jetzt an dessen Schreibtisch vorbeiging, fiel sein Blick auf das Foto, das seine Gattin – eine nicht gerade übermäßig schöne, aber freundliche Frau mit einem herzlichen Lachen –, die kleine siebenjährige Tochter und den zehnjährigen Sohn zeigte, der der Schwester gerade mit Unschuldsmiene »Eselsohren« machte.

Eders Bruder Thomas war gehbehindert und stark kurzsichtig gewesen. Als Kind hatte Eder einmal eine solche Geste hinter dem Rücken des drei Jahre jüngeren Bruders gemacht. Dafür hatte ihn der Vater fürchterlich verprügelt. Es war der berühmte Tropfen, der das Faß zum Überlaufen gebracht hatte: Jahrelang hatte Kurt auf Thomas Rücksicht genommen, wie es die Eltern verlangten, ihre übertriebene Fürsorge für den Jüngeren und die ständigen Zurücksetzungen ausgehalten. Aber als dann das Maß voll war, hatte er sich gewaltig an ihm gerächt. Noch jetzt, beinahe vierzig Jahre später, konnte Eder bei dem Gedanken ein Grinsen nicht unterdrücken, das aber bald in eine schmerzverzerrte Grimasse überging, denn der Kaffee hatte die Magenbeschwerden eher verstärkt.

Spann kam herein, nickte ihm zu und fragte: »Sag, Kurt, wann können wir denn in Ruhe einmal etwas besprechen?« Das Läuten des Telefons verhinderte nähere Ausführungen. Eder war zu Tode erschrocken: Spann sollte ihn also auf die Kündigung vorbereiten. Und blitzschnell erfand er unzählige Hindernisse, um den Besprechungstermin möglichst hinauszuzögern.

Schließlich schlug Spann vor: »Na gut, wenn du die ganze Woche so beschäftigt bist, und ich nächste Woche auf den Kongreß fahre, ist es vielleicht am besten, du kommst am Samstag nachmittag zu uns. Ich will dir doch schon so lange meine Familie vorstellen. Da stört uns dann niemand, und wir haben auch Zeit, die Sache mit dem Projekt zu besprechen.«

»Da gibt es nichts mehr zu besprechen«, murmelte Eder verbittert. »Das ist gestorben, das weißt du doch genau.«

Ein neuerlicher Anruf rief Spann zum Geschäftsführer, und Eder konnte ihm gerade noch seinen Kugelschreiber wieder abnehmen, den Spann während des Telefonats an sich genommen hatte.

»Der gehört mir!« brummte Eder mit einer grimmigen Entschlossenheit, die einer wertvolleren Sache würdig gewesen wäre, aber Spann war schon aus der Tür.

Mit jedem Schritt, den sich Eder von seinem Arbeitsplatz entfernte, wuchs in ihm die Gewißheit, daß nun sein endgültiger Untergang in Form einer Kündigung besiegelt würde, gerade jetzt, in diesen Minuten. Er hatte seit langem vermutet, daß nach dem neuen Organisationsplan einer von ihnen beiden der Rationalisierung zum Opfer fallen würde, und es war klar, daß es nicht den Kollegen Spann treffen würde.

Eder fühlte sich elend. Mit zittriger Hand sperrte er die Wohnungstür auf. Die Zweizimmerwohnung sah unordentlich aus, seitdem ihm seine Putzfrau vor einem Monat ohne Angabe von Gründen die Schlüssel zurückgegeben und lediglich gesagt hatte, daß sie nicht mehr kommen würde. Dabei war er so an sie gewöhnt, und gerade in letzter Zeit hatte er ihr oft stundenlang bei der Arbeit zugesehen, ihre rundlichen Formen angestarrt und sich gedacht, wie es wäre, wenn er ein ähnlich gebautes Wesen als Lebensgefährtin gefunden hätte. Doch sicher hätte ihn das nur gestört bei seinen nächtelangen Entwürfen für neue Projekte.

Er legte sich nieder. Dabei knisterte etwas in seiner Hosentasche: Es war das aus der Zeitung gerissene Krebs-Horoskop mit der Notiz des empfohlenen Internisten. Eder überflog das Horoskop und überlegte, ob es auf Spann paßte. Auf einem Raster prophezeiten helle und dunkle Herzen, Sonnen und Sterne gute und schlechte Zeiten für Liebe, Karriere und Gesundheit. Eindeutig überwogen die Glück verheißenden Symbole in der ersten und zweiten Dekade des Monats. Aber dann fiel sein Blick auf die schwarzen Zeichen gegen Monatsende und auf die Warnung:

»Ende Mai sollten Sie sich auf eine hinterlistige Attacke Ihrer Gegner einstellen!«

Gegner? Dr. Peter Spann hatte doch keine Gegner! Aber plötzlich durchfuhr es ihn: Natürlich hatte Spann einen Gegner! Ihn selber! Es war ein Wink des Schicksals, daß er ihm sein eigenes Horoskop in die Hände gespielt hatte, mit der Aufforderung, sich des Verräters zu entledigen.

Wieso hatte er nicht schon viel früher daran gedacht? Er hatte doch schon einmal in seinem Leben erfolgreich zur Gegenwehr gegriffen.

Alle hatten seinen Bruder Thomas trotz oder vielleicht sogar wegen seiner Behinderungen so »lieb« gefunden. Und nichts war ihm verboten worden. Der Bauernhof, auf dem sie aufgewachsen waren, lag am Ortsende in einer Kurve. Wenn man aus dem Hof herausbog, konnte man nur durch den Blick in einen großen Spiegel am gegenüberliegenden Straßenrand erkennen, ob ein Fahrzeug auf der Dorfstraße herankam. Thomas liebte es, mit dem Tretauto das Stück Asphalt von der Scheune zur Hauptstraße hinunter und um die Kurve zu rollen. Die Eltern mochten dieses Spiel gar nicht, es war klar, daß es zu gefährlich war. Aber trotzdem verboten sie es ihm nicht, wie sie es bei Kurt zweifellos gemacht hätten; sie begnügten sich bloß damit, Thomas immer wieder zu warnen, er müsse wenigstens vorher genau in den Spiegel schauen. Doch eines Tages hatte das nichts genützt – beim Abbiegen vom Hof auf die Straße prallte Thomas mit einem Laster zusammen und verunglückte tödlich.

Das seltsam verschlossene Verhalten, das Kurt nach dem Unfall entwickelte, führten die Eltern und Lehrer auf den Schock zurück. Tatsächlich befand er sich in einem eigenartigen seelischen Zustand. Er fühlte sich wie allmächtig, aber das entfernte ihn noch mehr von den anderen. Er suchte gar nicht mehr die Nähe der Mutter, obwohl jetzt kein Thomas mehr zwischen ihnen stand. Und er wich auch dem Vater eher aus, der das in seinem Kummer gar nicht zu merken schien.

Auch in der Schule zog sich Kurt noch mehr zurück als bisher und lebte am liebsten in wilden Phantasien über die Eroberung des Weltalls. Bei einer Faschingsfeier verkleidete er sich als böser Dämon aus dem All mit einer Pistole, auf die er ein Etikett »tödliche Strahlen« geklebt hatte. Sein Kostüm wurde bestaunt und bewundert, aber niemand ahnte die Hintergründe der düsteren Selbstdarstellung.

Eder versuchte eine Lage zu finden, in der die Magenschmerzen weniger arg waren. Er öffnete den Gürtel und schloß wieder die Augen. Dort, wo nun kein Lederriemen mehr drückte, fühlte er einen breiten Gurt, an den er eine gewaltige Pistole geklippt sah. Er selbst war ganz in Schwarz gekleidet und sah wie Batman aus. Schwerelos schwebte er durch enge Gassen und steuerte auf eine Bauhütte zu, in die er aus seiner Pistole ein tödliches Strahlenbündel feuerte. Bevor er aber noch sehen konnte, wen er gerade seiner sicher gerechten Strafe zugeführt hatte, kollerte eine Hupe aus der Tür der Bauhütte; eine Hupe, wie sie auch das Tretauto von Thomas gehabt hatte. Was Eder aber jetzt geweckt hatte, war keine Hupe, sondern der Wecker, den er sich gestellt hatte.

Zuerst war er in irgendwelchen Comics auf die »tödlichen Strahlen« gestoßen. In der Oberstufe des Realgymnasiums hatte er dann erfahren, daß es sie wirklich gab. Seit diesem Zeitpunkt war er fasziniert von Radioaktivität. Es war gleichsam ein neuer Lebensabschnitt, in dem es etwas, das in seinen Phantasien eine Rolle spielte, auch in der äußeren Wirklichkeit gab. Eine Brücke zwischen innen und außen war aufgetaucht.

Als er maturierte, wurde in der Nähe von Wien gerade ein Reaktor in Betrieb genommen. Ein Bildbericht über die Einweihung beeindruckte ihn außerordentlich. Er entschied ohne lange Überlegungen, daß er Atomphysik studieren wolle; er wollte in einem Forschungsreaktor arbeiten, auch wenn er insgeheim spürte, daß es nicht unbedingt die friedliche Verwertung der Atomenergie war, die ihn faszinierte. Sein Vater war in beklommener Weise stolz, daß sich sein Sohn dem Studium von etwas so unvorstellbar Gefährlichem widmete. Die Mutter war kurz vor seiner Matura an Krebs gestorben.

Der verschlossene junge Mann hatte nur wenig Kontakt mit seinen Studienkollegen und noch weniger mit den Kolleginnen. Aber einmal schien eine Kollegin immer wieder seine Nähe zu suchen. Er tat zuerst so, als bemerkte er sie gar nicht. Aber als sie eines Tages mit dem rechten Arm in Gips kam, bot er ihr seine Mitschrift als Lernhilfe an. Er fand Elvira bildschön, ihr blasses Gesicht zog ihn an, er wollte ihr feines dunkles Haar und ihren zarten Körper berühren. Sie sah zu ihm auf, weil es kaum eine Fachfrage gab, die er ihr nicht beantworten konnte. Kurt fand Elvira immer begehrenswerter, aber seine Annäherungsversuche waren so derb und grob, daß sie ihn jedes Mal mit schreckgeweiteten Augen ansah und sich immer wieder entzog oder weinte. Diese Vorgänge spielten sich bei beiden in wortloser Verzweiflung ab, zogen sich über Monate und endeten damit, daß sich Elvira während des Sommerurlaubs in einen Medizinstudenten verliebte und Kurt fortan geflissentlich aus dem Weg ging.

Bald darauf erkrankte Kurt an einer schweren Lungenentzündung; nach seiner zögernden Genesung stürzte er sich vollends in sein Studium und vermied alle Kontakte.

Jahre später, als Eder bereits eine feste Stelle im Forschungszentrum des Reaktors bekommen hatte, erregte noch einmal eine Frau sein Interesse: eine umsichtige Sekretärin, die ihm mehr durch ihre tüchtige und freundliche Art imponierte als durch kurze Röcke, wie sie einige weibliche Schreibkräfte hier in aufreizender Weise trugen. Er deutete ihre Freundlichkeit seinen eigenen Wünschen entsprechend um, plante minutiös ein Leben zu zweit und erwarb sogar eine kleine Eigentumswohnung. Eder fiel aus allen Wolken, als er sie in das »gemeinsame« Heim führen wollte und sie ihm erschrocken und doch schonungsvoll eröffnete, daß sie bereits fest gebunden war und ihrem Verlobten in Kürze nach Deutschland folgen würde.

Eder stand auf, wankte ins Badezimmer, um ein schmerzstillendes Medikament zu holen, und sah im Spiegel sein fahles Gesicht. Er hatte sich in letzter Zeit sehr verändert und es zuwege gebracht, trotz seines bulligen Äußeren eingefallen und schwach auszusehen. Zum Glück wirkte das starke Mittel bald. Er gab den ursprünglichen Plan auf, heute noch etwas zu arbeiten, und fiel in einen unruhigen Schlaf.

Am nächsten Morgen wachte er mit der wilden Entschlossenheit auf, den Verräter zu vernichten. Wenn er Spann erst einmal ausgeschaltet hatte, war weder sein Posten noch sein Forschungsprojekt mehr in Gefahr. Aber es sollte eine elegante Art der Vernichtung sein, nicht etwa ein nächtlicher Überfall oder ähnlich plumpe Methoden.

Eder fuhr ins Reaktorzentrum, weil er annahm, daß er seinen Plan dort besser durchdenken und nebenbei einige Arbeiten erledigen könnte. Auf seinem Schreibtisch lag ein Akt zur nochmaligen Prüfung. Er hatte, wie so oft, einer pharmazeutischen Firma, die zu Strahlenschutz verpflichtet war, ein absolut negatives Gutachten erstellt. Die von ihm geforderten Maßnahmen zur Verbesserung des Strahlenschutzes verlangten so aufwendige Umbauten, daß sie die Firma in den Konkurs treiben mußten. Der Direktor der Firma bemühte sich seit Monaten, eine Revision durchzusetzen, und irgendwie mußte er es jetzt geschafft haben. Eder haßte Menschen, die genauso zäh waren wie er. Außerdem befürchtete er, daß auch hier eine Intrige gegen ihn im Gange war. Möglicherweise wollte man sein Gutachten für ungültig erklären und ihm daraus einen Strick drehen. Mit einem Seufzer schob er den Akt beiseite und widmete sich seinem Plan.

Bald war ihm klar, daß er Spann mit einer tödlichen Strahlendosis beseitigen würde. Natürlich wußte er genau, daß es unmöglich war, hier im Reaktor einen »Unfall« zu inszenieren. Dazu waren die Überwachungssysteme und Kontrollen zu ausgeklügelt, nicht zuletzt dank seiner eigenen Mitarbeit.

Noch als Student hatte er die herrliche Machtphantasie gehabt, er würde einmal selbst den Weltuntergang oder bescheidener, zumindest die Vernichtung seines Landes auslösen, indem er nur auf einen roten Knopf drückte. Er wollte Herr über Leben und Tod sein und, wenn er sein eigenes Ende beschlossen hatte, alle anderen mitreißen. Mittlerweile wußte Eder längst, daß ein unbefugtes und gefährliches Agieren einen Crash auslösen und das gesamte System abschalten würde. Es war eher möglich, eine radioaktive Quelle herauszuschmuggeln, allerdings nur, wenn man wie er die Schwachstellen der ausgetüftelten Sicherheitssysteme kannte.

Da kam ihm natürlich die private Einladung zu Spann gerade recht. Dort mußte es geschehen. Die Strahlenquelle würde er so nahe wie möglich an ihn selber heranbringen müssen, seine Familie würde sich ja hoffentlich zurückziehen, sobald Spann Berufliches mit ihm besprechen wollte. Er selber würde Teile eines alten Strahlenschutzanzuges unter seiner Kleidung tragen und außerdem einen argen Schnupfen vortäuschen und sich weit von ihm entfernt hinsetzen. Danach würde er die Strahlenquelle wieder mitnehmen und entsorgen. Die Polizei würde lange rätseln, wie es zu dem Strahlentod gekommen sein könnte.

Aber wie konnte er einen strahlenden Gegenstand etwa an Spanns Hemd applizieren? Eder kritzelte nachdenklich auf einem leeren Blatt Papier herum. Als es mit sinnlos wirkenden Zeichnungen übersät war, warf er es in den Papierkorb. Er erinnerte sich an die unzähligen Pläne und Entwürfe, die er damals, kurz vor dem tödlichen Unfall seines Bruders, gemacht hatte.

Während dieser Erinnerungen spielte Eder mit einem

besonders dicken Kugelschreiber mit dem Aufdruck *Internationale Atomorganisation* herum. Und plötzlich war sein Plan perfekt: In einen solchen Kuli, wie sie hier im Forschungszentrum jeder benutzte, mußte er die radioaktive Quelle einbauen und dann lediglich dafür sorgen, daß Spann den präparierten Kugelschreiber bei sich trug, zumindest für ein paar Minuten.

Eder war so begeistert von seiner Idee, daß er beschloß, lediglich ein paar Zeilen zur nochmaligen Bekräftigung seines negativen Gutachtens zu schreiben und dann in die Stadt zu fahren und sich einen Kaffeehausbesuch zu gönnen. Als er aufstand, schaute er auf den Kalender: Der nächste Samstag war der 29. Mai. Wie recht doch die Sterne wieder einmal hatten, daß sie den Kollegen Spann so dringend vor gegnerischen Attacken Ende des Monats warnten.

Dr. Eder parkte seinen alten Opel beim Burgtheater, weil er eigentlich das Café Landtmann anpeilte. Aber der Druck in der Magengegend und die gestrigen Erfahrungen mit Kaffee geboten ihm, lieber zuerst ein paar Schritte zu gehen. Er schlenderte die Schottengasse bis zur Herrengasse über den Michaelerplatz, besah sich die Ausgrabungen und bog in den Kohlmarkt mit der Überlegung, ob er sich vielleicht beim Demel eine Crême de Jour leisten sollte.

Da trat plötzlich Spann aus der Konditorei, an seiner Seite eine attraktive junge Frau. Eder erschrak furchtbar, fast so, als würde nun sein gefährlicher Plan aufgedeckt.

Gleichzeitig war er auch irgendwie enttäuscht, daß Spann noch lebte, wo er ihn doch in der Vorstellung bereits mit einem perfekten Mord beseitigt hatte.

Eder hatte sich in den Eingangsbereich der Manz'schen Buchhandlung zurückgezogen und sich rasch von seinem Schrecken erholt. Nun nahm er die Verfolgung auf. Die junge Frau war jedenfalls weder die Tochter noch die mollige Ehefrau von Spann. Trotzdem kam sie ihm irgendwie bekannt vor. Wenige Meter Beobachtung genügten, um klarzumachen, daß es sich hier um ein Liebespaar handelte. Und als die beiden mit großem Interesse die exklusiven Möbel in den Auslagen bei Thonet betrachteten, und er ihre Gesichter sehen konnte, erkannte Eder, daß Spanns Begleiterin jene Studentin der Atomphysik war, die eine Dissertation über Neutronenflüsse schrieb und mit ihrer Arbeit aus dem leistungsschwächeren Praterreaktor in Wien zu ihnen ins Reaktorzentrum ausgewandert war.

Was war doch sein Kollege für ein fürsorglicher Dissertantenbetreuer! Deshalb also hatte er sich stundenlang mit dieser Studentin und ihrer Arbeit befaßt! Hätte Eder noch irgendwelche Hemmungen bezüglich seines Plans gehabt, er hätte sie nun endgültig verloren. Er identifizierte sich gleichsam mit der betrogenen Ehefrau und auch mit den Kindern, die Spann vielleicht bald im Stich lassen wollte, immerhin sah er sich doch mit seiner Geliebten bereits elegante Einrichtungen an. Er brauchte nun also auch keinerlei Schuldgefühle gegenüber Spanns Familie zu haben, der Ehemann und Vater war für sie ohnehin verloren.

Das ahnungslose Paar war vom Graben links abgebogen und flanierte durch die Naglergasse, wo sie wiederum die exquisiten Möbel bei Henn begutachteten. Obwohl Eder nicht genau wußte warum, folgten er den beiden.

Sie bummelten über die Freyung hinunter zur Börse. Plötzlich waren sie wie vom Erdboden verschluckt. Im letzten Moment sah Eder den Rockzipfel der Frau im Eingang zum Untergeschoß der Börse verschwinden.

Jetzt erinnerte er sich, daß er schon vor langem in der Zeitung von der großen, permanenten Gartenausstellung unter der Börse, den »römischen Markthallen«, gelesen hatte, und er erkannte auch den Namen des damit verbundenen Restaurants wieder. Eder meinte zuerst die falsche Türe geöffnet zu haben, weil er sich unvermittelt in der Küche des Restaurants befand, aber das Küchenpersonal schien an die verblüfften Gesichter der Erstbesucher gewöhnt zu sein, und der Chef deutete freundlich nickend in die Richtung, wo der Gast ins Restaurant oder zu den prachtvollen Pflanzen und Garteneinrichtungen findet.

Eder war von dem überraschenden Anblick des weitläufigen Gewölbes verwirrt, vergaß aber nicht, hinter Marmeladentöpfen und Gärtnerschürzen in Deckung zu bleiben, bis er Spann und seine Gefährtin wiedergefunden hatte. Sie hatten an einem kleinen Tisch des Restaurants Platz genommen. Das würde nun also länger dauern. Er begann mit einer ausführlichen Besichtigung der Gartengeräte, der Vasen, tönernen und steinernen Blumentöpfe in allen möglichen Größen, der schmiedeeisernen Gartentische und -stühle. Immer wieder drehte er sich um nach dem kleinen Tisch, der nun, von weitem, von den riesigen Blattpflanzen oder von den anderen Kunden teilweise verdeckt wurde. Beinahe hätte er einmal einen kostbaren tönernen Topf von der Stellage gefegt, als er sich so rasch umdrehte. Das hätte ihm gerade noch gefehlt, hier Aufsehen zu erregen. Er war bereits am hinteren Ende der Halle angelangt, wo in der Mitte ein großes Metallrohr aus der Wand kam und ein mächtiger Wasserstrahl in ein großes Steinbecken plätscherte, das reichliche Wasser gleichsam als Garant aller hier blühender und gedeihender Pracht, für die zarten Vergißmeinnicht ebenso Grundelement wie für die exotischen großen Zitronenbäume.

Er erkundete den schmalen Seitengang zu den Toiletten und den Ausgangsbereich, wo im rechten Gewölbe dezent zur Kassa gebeten wurde und diverse Sonderangebote, Gartenbücher und -zeitschriften sowie edles Geschenkverpackungsmaterial zu weiteren Einkäufen verleiten mochten. Die Stufen, die ins Freie und nun, gerade gegenüber dem Eingang, zur Ringstraße führten, waren links und rechts von großen Töpfen mit kraftstrotzenden Sträuchern flankiert, und er schritt einmal hinauf und wieder herunter, so als wollte er eine Parade abnehmen. Schließlich wunderte er sich über sich selbst; er tat so, als wäre er zum Vergnügen hier, dabei hatte er doch die zentrale Aufgabe, sich um sein »Opfer in spe« zu kümmern. Eder fand neben dem Brunnen einen Platz auf einer Steinbank; von hier aus hatte er Spann im Visier und konnte sich ein wenig ausruhen, denn es hatte ihn wieder diese seltsame Übelkeit überfallen. Obwohl er nicht viel von Ärzten hielt, zog er allmählich ernsthaft in Erwägung, den empfohlenen oder einen anderen Internisten zu Rate zu ziehen.

Plötzlich sah er von weitem Spann und seine Freundin aus dem Restaurantteil aufbrechen und in seine Richtung kommen. Rasch trat er in den kurzen Seitengang mit den WCs und hoffte inständig, daß sie nicht gerade hierher wollten. Die beiden bestaunten einen riesigen dekorierten Gartentisch, studierten die Preise an den Vasen in den Seitenregalen – und verschwanden unauffällig durch einen Seitenausgang. Eder folgte ihnen mit einer unerklärlichen Aufregung, drückte die Türschnalle vorsichtig hinunter, die Tür ging auf, er öffnete einen Spalt und erkannte in fahlem Licht ein riesiges Lager, in dem hohe Stapel von Kisten, aber auch etliche Pflanzen und einige schmiedeeiserne Gartenmöbel standen. Plötzlich hörte er ein leises Kichern und Flüstern, und da sah er ganz hinten Spann mit dem Rücken zu ihm über seine Freundin gebeugt, die es sich auf einigen großen Säcken voll Moorerde bequem gemacht hatte. Er sah noch, wie sie offenbar in übermütiger Lust ihren rechten Stöckelschuh von sich schleuderte, dann zog er hastig die Tür zu und flüchtete, an der Kassa vorbei, die Stiegen hinauf ins Freie, wo er sich übergeben mußte.

Passanten, die ihn so an die Balustrade geklammert sahen, hielten ihn für betrunken und spotteten: »Schon so früh am Tag besoffen?« Aber Eder konnte nicht darauf reagieren, er fühlte sich zu aufgeregt und elend. Hilflos starrte er auf die Blutspuren im Erbrochenen. Noch immer lehnte er vornübergebeugt, die dünnen Blutfäden schienen ihm zu einer riesigen Blutlache zusammenzufließen, wie er sie vor vielen Jahren unter dem Kopf des verunglückten Bruders hervorquellen gesehen hatte.

Der Weg den Ring entlang bis zum Burgtheater schien ihm endlos. Schließlich erkannte er seinen Wagen, setzte sich hinein und wartete lange, bis er in der Lage war, nach Hause zu fahren.

In den folgenden Tagen bereitete Dr. Eder mit äußerster Konzentration seinen Mordplan vor. Als er im Quellenlager die Beschriftung der Behälter kontrollierte, die Metall enthielten, das mit einer hohen Dosis Gamma-Strahlung behandelt worden war, ließ er einen kleinen Zylinder mit der Aufschrift »Kobalt 60« in die Tasche seines weißen Arbeitsmantels gleiten. Ausgerechnet in dem Moment, da er nach dem Schutzbehälter griff, kam der widerliche Dissertant herein, den er zu betreuen hatte. Eder schnauzte ihn so unfreundlich an, daß dieser sofort das Weite suchte. Dann entfernte Eder mit ruhigen Händen die Mine aus dem plumpen Werbe-Kugelschreiber und schob statt dessen das winzigschmale Stückchen Kobalt hinein. Genug, um innerhalb von Stunden im Organismus die Wasserstoffbrücken zu zerstören und den gesamten Stoffwechsel zum Zusammenbruch zu bringen. Äußerlich würde man nicht viel mehr als Zeichen von Verbrennungen sehen, da wo eben der Kuli einige Zeit stecken wird, vermutlich in Spanns Brusttasche.

Eder entschied sich dafür, am Samstag direkt vom Reaktorzentrum zu Spann nach Hause zu fahren. Er wollte das tödliche Schreibzeug erst im letzten Moment aus dem Versteck in einem falsch beschrifteten Schutzbehälter im Quellenlager holen und an allen Überwachungssystemen und Kontrollen vorbei herausschmuggeln. Und er durfte nicht vergessen, daß auch außerhalb noch Gefahr lauerte: Auf dem Dach der Bezirkshauptmannschaft befand sich, ebenso wie verstreut im ganzen Land, eines der etwa vierhundert Überwachungssysteme, die Reaktorunfälle melden sollten.

Die Vorbereitungen hatten Eder so in Anspruch genommen, daß er seine stärker werdenden Magenbeschwerden einfach ignorierte. Er schluckte einfach ein paar Schmerztabletten mehr, so daß er den Schmerz nur noch dumpf und verhalten spürte. Wenn er Spann begegnete, stellte er sich in allen Einzelheiten vor, wie dieser zusammenbrechen würde. So hatte er sich als Bub auch den Unfall seines Bruders ausgemalt – und alles hatte wunderbar geklappt. Auch diesmal war sein Plan perfekt; er würde wie damals in einem unbemerkten Moment das Beweisstück rasch entfernen müssen, das diesmal freilich schwerer zu entsorgen sein würde.

Am Abend vor dem vereinbarten Besuch bei Spann und seiner Familie gesellte sich zu Eders Magenschmerzen eine eigenartige Unruhe. Er brachte sie damit in Zusammenhang, daß er nun eigentlich nichts mehr tun konnte, als auf den morgigen Tag zu warten. Es war eine Art Lampenfieber. Er beschloß, früh ins Bett zu gehen, und legte sich bald schlafen. Noch im Einschlafen sah er die Worte *Internationale Atomorganisation* in riesigen, blitzenden Buchstaben am nächtlichen Himmel, der sich drehte und drehte und drehte.

Als Eder im Morgengrauen aufschreckte, wußte er nur noch, daß in dem schweißtreibenden Traum seine Mutter vorgekommen war, und zwar so, wie er sie in den letzten Wochen vor ihrem Tod gesehen hatte: schwach, ergeben in ihr Schicksal, teilnahmslos und noch immer unglücklich über den Unfalltod ihres jüngeren Sohnes. Denn wenn sie überhaupt etwas sprach, konnte man sicher sein, daß ihre Gedanken sich zu Thomas verlaufen würden; sie stellte sich vor, wie groß er jetzt schon wäre, was er wohl tun würde, wie er zur Schule ging. Wenn Eder daran dachte, spürte er die Verbitterung in sich hochsteigen, und es paßte ihm gar nicht, daß sich sein Haß in der Magengegend lokalisieren ließ. Er brauchte keine Nähe zur Mutter mehr, und schon gar nicht in Form ähnlicher Krankheitssymptome. Er sprang aus dem Bett, um sich von solchen Grübeleien zu befreien und sich statt dessen auf seinen Plan zu konzentrieren, der heute vollendet werden mußte.

Es begann alles genau so, wie er es sorgfältig ausgeklügelt hatte. Die wenigen Kollegen, die an einem Samstag hier arbeiteten und Überstunden machten, waren um die Mittagszeit heimgegangen, und niemand wunderte sich, daß Eder, wie so oft, länger blieb. Zu Spann hatte er gesagt, daß es sich für ihn nicht auszahlen würde, zuerst nach Hause und dann wieder in die Richtung des Forschungszentrums zu ihm zu fahren, und daß er lieber direkt von hier zu ihm kommen würde. Das war ganz einleuchtend. Kurz vor seinem Aufbruch holte er aus dem Versteck im

Quellenlager den Kugelschreiber mit dem tödlichen Kobalt 60. Er verstaute ihn in einer kleinen Bleitasche und überlistete damit auch die Meßgeräte.

Mit ruhigen, festen Schritten verließ er den Forschungsreaktor. Innerlich fürchtete er, jeden Moment könnten die Alarmsirenen losgehen, er hörte sie schon aufheulen. Aber in Wirklichkeit passierte gar nichts, er winkte dem Portier noch wie üblich zu, freilich in seiner gut verborgenen Angst etwas freundlicher als sonst, aber zu einer solchen subtilen Differenzierung war dieser aufgrund seiner Vorliebe für geistige Getränke ohnehin nicht fähig.

Eder fuhr so langsam durch die Ortschaften, als hätte er eine Bombe bei sich, die allein durch eine Erschütterung explodieren konnte. Das Päckchen mit dem Kugelschreiber in der Bleihülle war im Kofferraum verstaut. Darin lag auch noch eine Rolle Papier, die ihn unweigerlich an jenes eingerollte große Zeichenblatt erinnerte, auf das er damals sein trickreiches Gemälde mit dem Verkehrsspiegel-Ausschnitt gemalt hatte.

Wochenlang hatte er damals den Ausschnitt der Straße gezeichnet, den man von der Scheune aus im Verkehrsspiegel auf der anderen Straßenseite sah. Viele Blätter waren in den Papierkorb gewandert, bis er endlich einigermaßen zufrieden war; zumindest war er sicher, daß sein Zeichentalent und Thomas' Kurzsichtigkeit reichen müßten, um die Zeichnung auf dem großen Zeichenblatt, das er im nächsten Ort besorgt hatte, dem Abbild im Verkehrsspiegel täuschend ähnlich sehen zu lassen. Nachts hatte er oft nicht schlafen können vor lauter Angst, daß jemand die

Rolle unter seinem Bett finden und sofort erkennen würde, welchem teuflischen Plan sie dienen sollte.

Spann hatte ihm den Weg zu dem Siedlungshaus gut beschrieben. Eder parkte so, daß der aufgeklappte Kofferraum ihm als Paravent diente. Hastig öffnete er das Päckchen und schob es in seine Aktentasche, so daß er es leicht herausziehen konnte. Eine Flasche Wein holte Eder auch noch aus dem Kofferraum. Zu dumm, Blumen für die Dame des Hauses hatte er vergessen. Das tat ihm jetzt besonders leid, wo er wußte, daß sie von ihrem Ehemann betrogen wurde.

Er läutete an der Haustür, und sofort öffnete Spanns kleine Tochter neugierig die Tür und lächelte ihn durch einen Spalt an. »Bist du der Onkel Kurt, der heute zur Jause kommt?«

Eder haßte solche Onkel-Spiele und brummte nur: »Kurt heiße ich jedenfalls.«

Dennoch konnte er sich dem Charme des Kindes kaum entziehen, und gerade deshalb wollte er es so rasch wie möglich von sich und vor allem von seiner Aktentasche vertreiben.

Da tauchte schon Frau Spann auf, die er in ihrer gutmütigen Rundlichkeit vom Photo her erkannte. Sie begrüßte ihn freundlich und rief ihren Mann, der sofort mit seinem Sohn aus dem Wohnzimmer kam. Eder war nie viel in Gesellschaft gewesen, und so fehlte ihm auch jetzt jede Gewandtheit, mit der er seine Anspannung hätte kaschieren können. Spann schien das zu bemerken und versuchte, die allgemeine Befangenheit dadurch zu überspielen, daß er seinem Kollegen zunächst das Haus zeigen wollte. Eder folgte ihm mit einem ängstlichen Blick auf die Aktentasche, die er bei der Garderobe an den Schirmständer gelehnt hatte. Es war nicht zu befürchten, daß sich jemand daran zu schaffen machte, denn die Kinder folgten ihnen bei der Führung durch das Haus, und Frau Spann traf ihre Vorkehrungen in der Küche. Eder heuchelte Interesse, war aber kaum in der Lage, den Erklärungen Spanns zu folgen.

Als die Besichtigung endlich vorüber war, hatte Frau Spann bereits den Tisch für die Jause gedeckt. Wie Eder wußte, machte sich Spann nichts aus Kuchen und Süßigkeiten. Auch seine Frau erzählte: »Ich mache gerade wieder einmal eine Diät, aber Sie werden doch hoffentlich Appetit haben.«

»In letzter Zeit eher weniger«, murmelte Eder und wunderte sich selber darüber, daß er beinahe angefangen hätte, harmlos-jammernd über seine Magenbeschwerden zu plaudern.

Die beiden Kinder ließen sich von der Zurückhaltung der Erwachsenen nicht beeindrucken und langten tüchtig zu.

»Nicht so gierig!« ermahnte Spann mit einem augenzwinkernden Lächeln zu seinem schweigsamen Kollegen.

Eder fiel die große Ähnlichkeit zwischen Spann und seinem Sohn auf. Die Familienidylle hatte eine unglaublich irritierende und bedrückende Wirkung auf ihn. Er brachte kaum einen Bissen hinunter, und Spann fragte ihn teilnahmsvoll, wie es denn um seine Magenbeschwerden stünde und ob er schon den empfohlenen Internisten angerufen habe.

»Nächste Woche«, wich Eder aus und ließ bewußt offen, ob er nächste Woche anrufen wollte oder bereits einen Termin hätte.

Spann schien zu merken, daß sich sein Gast nicht wohl fühlte – ob nun mehr wegen der ungewohnten Geselligkeit, wegen seines Magens oder weil er in erster Linie an die geschäftlichen Dinge dachte, die sie zu besprechen hatten. »Wollen wir uns an die Arbeit machen?« schlug er deshalb bald vor, und die beiden zogen sich in sein Arbeitszimmer zurück.

Eder holte mit zitternden Knien die Aktentasche, sah sich noch einmal nach den beiden Kindern um, die gerade um die Fernbedienung des Fernsehapparates rauften. Dann folgte er Spann. Jetzt erst erinnerte er sich, daß er eine Verkühlung simulieren wollte. Er erwähnte, daß er das Gefühl habe, in ihm stecke eine Grippe und deshalb wolle er sich Spann nicht allzusehr nähern.

Spann hatte sich an den Computer gesetzt und Eder einen bequemen Lehnstuhl angeboten. Eder rückte ihn so weit weg zur Wand wie möglich. Er schob Spann eine Mappe mit den Unterlagen für sein Projekt hin, das abgelehnt worden war. An die Vorderseite der Mappe hatte er einen – harmlosen – Kuli der Atomenergieorganisation geklemmt. Leise fragte er: »Was meinst du, warum ist es abgelehnt worden?«

Spann ging von der Kostenfrage aus. Damit hatte Eder gerechnet und auf den Unterlagen seitlich für die Eintragung der Kosten Platz gelassen. Und jetzt kam der entscheidende Moment: Spann begann mit dem dicken Kuli Zahlen an den Rand zu kritzeln.

Nach einer Weile bat Eder um ein Glas Wasser, und Spann stand auf und verließ den Raum. Rasch holte Eder den präparierten Kugelschreiber aus der Bleihülle in der Aktentasche und tauschte ihn gegen den anderen aus, den Spann auf dem Schreibtisch liegenlassen hatte. Jetzt durfte er auf keinen Fall bemerken, daß das Schreibgerät nicht mehr funktionierte, weil die Mine durch einen tödlichen Inhalt ersetzt worden war.

Eder nahm Spann das Glas Wasser aus der Hand und holte dabei auch den Akt zu sich, so als wollte er etwas nachsehen. Gleichzeitig begann er, von dem Projekt und seinen Ideen zu reden, so schnell, daß Spann sichtlich Mühe hatte, ihm zu folgen. Dann endlich tat er das, was Eder erwartet hatte und wofür Spann bei seinen Kollegen als »Kuliklauer« berüchtigt war: Er steckte das Schreibgerät gedankenverloren ein.

Als dieser entscheidende Schritt seines Plans getan war, spürte Eder seine Erschöpfung. Er machte eine Gesprächspause und gab Spann dadurch Gelegenheit, seine Ansicht über das Projekt und die möglichen Ursachen der Ablehnung darzulegen. Es schien ihm ein Bedürfnis zu sein, noch einmal zu betonen, wie leid es ihm tue, daß Eders Projekt abgelehnt, während seines angenommen worden war. Eder glaubte ihm kein Wort, und in ihm stieg wieder die Wut auf über diesen Heuchler.

Da wechselte Spann plötzlich abrupt das Thema und

begann von seltsamen Drohbriefen zu erzählen, die anscheinend mehrmals im Reaktorzentrum eingegangen waren.

»Einen dieser Briefe habe ich vor kurzem aus Versehen aufgemacht, er war an unser Büro und an dich gerichtet, aber ohne den Vermerk ›persönlich‹. Ich habe gedacht, es ginge um unsere gemeinsame Arbeit. Da habe ich die anonyme Drohung gegen dich gelesen. Es geht um die Gutachten wegen Strahlensicherheit. Der Schreiber hat angekündigt, daß er sich persönlich an dem Verantwortlichen für die negativen Gutachten rächen wird.«

Während Spann redete, lauerte Eder – wie er wußte, zu früh – auf die ersten körperlichen Beschwerden. Doch jetzt horchte er auf. Sofort fiel ihm der Akt ein, der vorigen Donnerstag zur nochmaligen Überprüfung auf seinem Schreibtisch gelandet war. Er erinnerte sich sogar an eine flüchtige Begegnung vor etwa einem halben Jahr, wo ein älterer Mann, der sich als Repräsentant einer kleineren pharmazeutischen Firma vorgestellt hatte, bei ihm persönlich wegen eines ersten negativen Gutachtens vorstellig werden wollte. Eder hatte ihn abgewiesen und vermutet, daß man ihn hatte bestechen wollen. Nicht, daß er unbedingt unbestechlich gewesen wäre, aber er hatte diesem unscheinbaren und aggressiven Männchen einfach nicht zugetraut, daß er ihm tatsächlich ein für ihn attraktives Angebot hätte machen können; und so kehrte er seine moralische Seite heraus und wies den wenig imponierenden Firmenchef, noch bevor er viel sagen konnte, brüsk zurück.

Als Spann ihn jetzt erwartungsvoll anschaute, fragte Eder: »Stand da etwas Genaueres über die angedrohte Rache?« Er versuchte sich zu konzentrieren, aber seine wieder aufflammenden Magenschmerzen machten dies sehr mühsam.

Spann entgegnete: »Nun, ein früherer Drohbrief ging an einen Kollegen aus einer anderen Abteilung. Den kenne ich nur vom Sehen, und auf mich macht er keinen allzu vertrauenserweckenden Eindruck. Angeblich überlegt man, ob man nicht überprüfen sollte, woher er auf einmal so viel Geld für einen neuen Porsche und für eine Übersiedlung aus einer Garçonnière in ein großes Haus hat. Offiziell behauptet er, er hätte eben einmal im Casino in Baden Glück gehabt. Aber Kollege Weber, der dort regelmäßig verkehrt, hat ihn noch nie getroffen und hält einen so hohen Gewinn für sehr unwahrscheinlich. Mit anderen Worten, es besteht der Verdacht, daß er gegen Bestechung weniger immun war als du. Und man macht sich Sorgen um dich, daß du tatsächlich Opfer eines Rachefeldzugs werden könntest – oder am Ende bereits geworden bist.«

Bei der letzten Bemerkung senkte Spann die Stimme.

»Was soll das denn heißen?« brauste Eder auf. »Ihr, das heißt wohl, der Geschäftsführer und du, macht euch Sorgen um mich? Und eure Besorgnis äußert sich wohl in der Ablehnung meines Projektes, ja?«

»Die beiden Dinge haben nicht das geringste miteinander zu tun«, versuchte Spann Eder zu beruhigen. »Aber uns ist dein Gesundheitszustand aufgefallen. Dir geht es doch zusehends schlechter. Und dann hat mich der Chef vorige Woche zu sich gerufen und hat mir ganz im Vertrauen von einem Verdacht erzählt, den er schon seit einer Weile hat. Es hört sich vielleicht erst einmal weit hergeholt an, aber überleg doch mal: Dieser Student, der seit etlichen Wochen bei uns an seiner Dissertation arbeitet und so viel in deiner Nähe ist, der könnte doch von der pharmazeutischen Firma, der du einen zu schlechten Strahlenschutz bescheinigt hast, gedungen worden sein, um dich unschädlich zu machen. Deswegen dränge ich dich doch schon seit Tagen, damit du schleunigst einen Arzt aufsuchst.«

Eder wischte sich mit dem Taschentuch den Schweiß von der Stirn und starrte entsetzt auf Spann. Er konnte keinerlei Symptome des Verfalls an ihm bemerken. Es war, als hätte sich das für Spann bestimmte Schicksal gegen ihn gekehrt und er selber hätte nun alle Zeichen der Übelkeit, die er an seinem Kollegen erwartete.

Eder erinnerte sich, wie die hübsche Studentin, deren Betreuung Spann übernommen hatte und mit der er nun seine Frau betrog, kurz vor jenem unsympathischen Studenten gekommen war, den dann zwangsläufig Eder betreuen mußte, weil ja Spann schon besetzt war. War es möglich, daß dieser Dissertant gar nicht an einer Arbeit über die »Prüfung radioaktiver Abwässer und Abfälle in biochemischen Kläranlagen« interessiert war, sondern angeheuert worden war, um ihn zu vergiften? Gelegenheiten hätte er dazu ausreichend gehabt. Gleich in den ersten Tagen, wann immer Eder auf einen Kaffee oder zum Mittagessen in die Kantine gegangen war, hatte er ihn auf eine widerlich unterwürfige Weise gefragt, ob er sich ihm anschließen dürfe. Das war in den vergangenen Wochen dann zu einer ihm wenig lieben Gewohnheit geworden. Es wäre dem Studenten ein leichtes gewesen, ihm in einem unbemerkten Moment Gift in die Tasse zu schütten. Der Kaffee im Forschungszentrum schmeckte immer grauenhaft, und ihm wäre eine geringe Dosis von einem Gift wie vielleicht Arsenik sicher nicht aufgefallen. Schon 0,1 Gramm genügten, um den langsamen Tod herbeizuführen.

Eder bekam keine Luft mehr und zerrte an seiner Krawatte. In dem Moment stürzte die kleine Astrid herein, lief zu Spann und schlang ihre zarten Arme um seinen Hals mit der erbitterten Klage: »Papa, der Michi gibt mir die Fernbedienung nicht zurück, und ich kann mir meine Lieblingssendung nicht anschauen. Und die Mama hält schon wieder zu ihm!«

Eder starrte das Mädchen mit weit geöffneten Augen an. Genauso hatte Thomas immer die Mutter umarmt, wenn er etwas wollte. Auch an dem Morgen mitten in der Erntezeit hatte Thomas mit dem Eigensinn, den die Horoskope den Krebsen zuschreiben, gebettelt, daß er ein Autorennen auf dem Hof machen durfte, während die Eltern auf dem Feld waren. In aller Eile hatte Kurt sein gefährliches Gemälde aus dem Zimmer geholt und unter den Rahmen des Verkehrsspiegels geklemmt. Dann war er so schnell er konnte in die Schule gelaufen. Als er um die Mittagszeit heimkam, war es bereits passiert.

Bevor Spann noch etwas sagen konnte, schrie Eder: »Geh weg, verdammt noch mal!«

Entgeistert schauten ihn die beiden an.

»Kind, geh doch«, rief Eder noch einmal mit kraftloser Stimme.

Verwirrt und eingeschüchtert löste das Mädchen seine Umarmung, stand da und schaute ihn mit offenem Mund an.

»Was ist denn los?« fragte Spann.

»Bitte ... bitte, schick sie hinaus«, würgte Eder hervor.

Spann warf ihm einen nicht zu deutenden Blick zu, wandte sich zu seiner Tochter und sagte: »Geh zur Mama, ich komm gleich und schau, ob ich euren Streit schlichten kann.«

Zögernd verschwand Astrid.

»Was ist denn los?« wiederholte Spann seine Frage.

Aber Eder konnte nicht sprechen. Er starrte auf die Tür, die leise ins Schloß fiel. War er nun vergiftet oder nicht? Wenn ja, war er noch zu retten? Wieso war ihm gerade jetzt so todübel? Hatten die Spuren von Gift, die ihm vielleicht schon seit Wochen verabreicht worden waren, gerade heute die tödliche Dosis erreicht? Oder war es nur der Schreck? Die Anspannung der letzten Tagen? Oder hatte Spann womöglich den harmlosen Kuli eingesteckt und die Strahlungsquelle lag ungeschützt neben ihm in der Aktenmappe?

Spann bemühte sich um eine Erklärung für Eders Verhalten. »Ich kann mir schon vorstellen, daß du bei dem Gedanken, daß man dir vielleicht schon übel mitspielt, zu Tode erschrocken bist. Es klingt ja wirklich alles wie in einem Kriminalroman.«

Als Eder noch immer nichts darauf entgegnete, sondern

nur vor sich hinstarrte, schlug Spann vor: »Ich hol dir noch ein Glas Wasser und schau auch gleich, ob ich etwas in dem Streit zwischen den beiden ausrichten kann.«

Eder hob den Kopf und schaute ihn an. Ging es denn Spann immer noch gut? Oder suchte er einen Vorwand hinauszugehen, weil ihm bereits nicht wohl war?

Spann wollte aufstehen, sank aber sofort auf den Sessel zurück. »Na«, flüsterte er sichtlich verwundert. »Was ist denn mit mir los? Mir ist auf einmal auch gar nicht gut.«

Erleichtert atmete Eder auf. Schlagartig wurde er ruhiger. Ein Gefühl der Zufriedenheit durchströmte ihn, daß er sich doch auf sich selber verlassen konnte und sich nicht selbst verstrahlt hatte. Was die Gefahr einer Vergiftung betraf, würde Montag doch hoffentlich noch Zeit genug für einen Arztbesuch sein. Oder vielleicht sollte er lieber doch schon morgen auf die Ambulanz des Allgemeinen Krankenhauses fahren. Oder eventuell sogar noch heute nacht zur Notaufnahme.

Spann gelang es endlich, mit äußerster Mühe aufzustehen und sich bis zur Tür zu tasten.

Er rief nach seiner Frau, doch sie versuchte gerade, die schreienden Kinder zu besänftigen, die wild darum stritten, welches Programm um sechs Uhr eingeschaltet werden sollte.

Michael brüllte, daß er die Fortsetzung einer Westernserie unbedingt sehen müsse. »Alle meine Freunde in der Schule sehen sie, und wenn ich sie nicht auch sehe, steh ich da wie ein Trottel, bloß weil ich eine so saublöde kleine

Schwester hab, die sich zum 743. Mal einen Zeichentrickfilm für Babys anschauen muß!«

Astrid heulte laut und herzerweichend, und die hilflose Mutter versuchte vergeblich, vermittelnd einzugreifen und den Standpunkt der Gerechtigkeit zu vertreten. Sie wollte ihnen vor Augen halten, daß jedes Kind täglich einen Film aussuchen dürfe. Wenn Astrid vorhin ihr Pinocchio-Video ansehen habe dürfen, solle sie doch jetzt Michi seine Sendung anschauen lassen. Astrid fühlte sich verzweifelt und von aller Welt verlassen, denn zu Papa traute sie sich nun auch nicht mehr ins Arbeitszimmer, solange der komische Onkel bei ihm war, der sie so unfreundlich weggeschickt hatte.

Sie gab ihrer Verzweiflung lautstarken Ausdruck, um wenigstens Michael beim Fernsehen zu stören, der aber wiederum tat alles, um sich nicht stören zu lassen, und schaltete auf volle Lautstärke. Frau Spann überlegte kurz, ob sie die Fernbedienung an sich nehmen und damit beide Kinder ins Unglück stürzen oder sie diesen Kampf unter sich austragen lassen sollte, entschied sich für letzteres und warf ärgerlich die Küchentüre hinter sich zu.

Durch die geöffnete Tür des Arbeitszimmers hatten Eder und Spann die ganze Szene mitbekommen. Eder beneidete die Kinder darum, daß sie miteinander streiten durften. Wären die Kämpfe zwischen ihm und seinem Bruder nicht immer im Keim erstickt oder zu seinen Ungunsten erledigt worden, dann hätte er Thomas nicht umbringen müssen. Er hätte ihm mit dem »Spiegeltrick« keinen tödlichen Streich spielen müssen. Eder fühlte sich sterbenselend. Er war aufgestanden und hielt die rechte Hand über den Magen, der sich in schmerzhaften Anfällen zusammenkrampfte. Er hätte Thomas, seinen Bruder, *nicht umbringen müssen*. Eder trat einen Schritt nach vorn und blickte auf Spann, der sich mit schweißnassen Händen am Türrahmen festhielt und mit leiser Stimme nach seiner Frau rief. Spann, seinen Kollegen, mußte er auch nicht umbringen!

»Gib mir den Kuli!« schrie Eder in Panik. Spann drehte sich um und starrte ihn verblüfft an. Langsam tastete er in seine Brusttasche und zog zwei Kulis der Atomenergieorganisation heraus. Mit zitternden Händen reichte er sie Eder. Der riß beide an sich, schaute einmal den einen, dann den anderen an, kritzelte mit dem einen auf der Aktenhülle, warf ihn weg, nahm den anderen, riß seine Aktentasche an sich und stürzte ohne ein weiteres Wort zur Tür hinaus.

»Hast du mich gerufen?« Frau Spann hatte die Tür zur Küche geöffnet und schaute hinüber zum Arbeitszimmer. Spann hatte keine Kraft mehr, seiner Frau die merkwürdige Szene zu erklären. Halb bewußtlos sank er zu Boden. Mit einem Entsetzensschrei stürzte seine Frau zu ihm. Wenig später rief sie die Rettung.

In der Notaufnahme dauerte es nicht lange, bis man die Verbrennung an Dr. Spanns linker Brust als Folge einer extrem hohen Dosis radioaktiver Strahlung erkannte. Sein Zustand war äußerst kritisch.

»Wird er wieder gesund?« fragte Frau Spann mit tränenerstickter Stimme.

»Das läßt sich im Augenblick noch nicht sagen. Aber selbst wenn er aus dem Koma herauskommt, können Sie ihn heute nicht mehr besuchen. Gehen Sie lieber heim, wir rufen Sie sofort an, wenn sich der Zustand Ihres Mannes verändert.«

Wie leblos wankte Frau Spann in Richtung Ausgang.

In diesem Moment schoben vier Rettungsleute hastig eine Bahre herein und stießen sie mit einem »Achtung, bitte!« zur Seite. Ihr Blick fiel auf das bleiche Gesicht des offenbar schwer Verletzten. Er kam ihr bekannt vor, aber das war unwichtig. Es zählte nur noch, daß Peter überlebte.

Vor dem Krankenhaus setzte sie sich auf eine Bank. Sie mußte wohl eine Stunde so reglos dort gesessen haben, bis sie sich aufraffen konnte und in ein Taxi stieg, um zu ihren Kindern heimzufahren.

Der Taxifahrer hatte das Radio angeschaltet, und eine Nachrichtensprecherin verlas die Lokalnachrichten: »Ein tödlicher Unfall ereignete sich heute abend in der Nähe des Reaktorzentrums. In einer unübersichtlichen Kurve der Bundesstraße stieß der 51jährige Dr. Kurt Eder in seinem Pkw mit einem Fernlaster zusammen. Dr. Eder erlag noch an der Unfallstelle seinen Verletzungen. Die genaue Unfallursache bleibt allerdings im dunkeln. Bei dem im Reaktorzentrum angestellten Wissenschaftler wurde ein stark radioaktiv strahlender Gegenstand gefunden. Fast zur selben Zeit war ein weiterer Mitarbeiter des Reaktorzentrums nach einem Strahlenunfall ins Krankenhaus eingeliefert worden. Sein Zustand ist kritisch. Die Kriminalpolizei schließt nicht aus, daß zwischen den beiden Unglücksfällen ein Zusammenhang besteht.«

Verena Mahlow

Johannisfest

Sie sind ungeheuer wandlungsfähig – schneiden Sie endlich die alten Zöpfe ab!

Daran hatte Susa sich gehalten. Hatte statt Waschen und Legen eine komplett neue Frisur verlangt, kinnlang, schnurgerade und echt. Hermann, der blonde Locken fraulich fand, würde sich daran gewöhnen müssen, hatte sie gedacht; selbst die Sterne forderten mehr Großmut von ihm. Überhaupt war *sein* Horoskop – Hermann war Schütze – äußerst ungünstig, während ihr eine goldene Zukunft vorgegaukelt wurde. Konnte man mal sehen! ... Davon, daß sie ihren Geburtstag gefesselt und mit einem Knebel im Mund feiern würde, war keine Rede gewesen.

Susa war Krebs, ergo häuslich, sensibel und kreativ, mit der Tendenz zu einem Schritt vor und zweien zurück. *Vertrauen Sie Ihrer inneren Stimme, Sie werden es nicht bereuen*!, hatte die Zeitschriften-Astrologin getönt, doch wie meist, wenn Susa ihrer inneren Stimme folgte, bereute sie es kurz darauf schwer. Bereute, daß sie nochmals zum Schillerplatz zurückgegangen war, als sie schon auf dem Weg Richtung Altstadt war. Daß sie das Spießbratenbrötchen für Hermann besorgt hatte, fürsorglich, typisch Krebs, wenn auch mit dem Hintergedanken, sich im Gegenzug dafür den Haarschnitt absegnen zu lassen. Freundlichkeit um Freundlichkeit. Nur daß er nicht da war, ihr Hermann. Dafür dieser Riese vor dem offenen

Tresor und überall Papiere. Eine silbrige Waffe, Pistole oder Colt, sie kannte den Unterschied nicht. Arme wie Schraubzwingen, die sie packten. Eine Schaufelbaggerhand, die ihr das schilfgrüne Seidentuch abnahm und in den Mund stopfte. Dann das Paketband, das auf Hermanns Schreibtisch lag.

Jetzt stand der Mann mit dem Rücken zu ihr am Fenster, das Telefon winzig in seiner Hand. Sein Zeigefinger verewigte einen Abdruck auf der Wahlwiederholungstaste. Noch durch das Rauschen des Bluts in ihrem Ohr hörte Susa das Freizeichen, dreimal tuut, dann ihre eigene, unnatürlich hohe Stimme von fern: »Guten Tag, Sie sind verbunden mit dem Anschluß von Hermann Linsky und Gattin ...« Hermann hatte die Formulierung gewählt. Ach, Hermann ... Spätestens hier drückte der Mann auf Aus.

Susa klopfte zaghaft mit dem Fußknöchel gegen den Schreibtisch. Entschuldigen Sie, dachte sie. Bitte. Ob er überhaupt Deutsch sprach? Der Mann hatte noch keinen Ton gesagt. Sah düster wie ein Verbrecher aus, selbst von hinten. Stierte aus dem Fenster und hackte mörderisch auf der Taste herum. Im Halbprofil war ein schwarzer Schnurrbart zu sehen, der unecht wirkte.

Draußen ging die Sonne unter, und das Johannisfest tobte. Ganz Mainz war unterwegs, und niemand, der über den Schillerplatz flanierte und vielleicht genau in diesem Moment den Goldschmuck in den Schaufenstern des Juweliers betrachtete, ahnte, daß ein Stockwerk weiter oben Susa Linsky, eingeschnürt wie ein Spießbraten, in Hermanns dunkelbraunem Bürostuhl lag. Dabei hatte sie nur freundlich sein wollen. *»Sono le cose della vita ...«* schmalzte der Sänger auf der Schillerplatzbühne; so ist das Leben, in der Tat! Susa klopfte heftiger.

Der Mann drehte sich zu ihr um. »Es wird Sie kein Mensch hören«, sagte er drohend. »Aber machen Sie mich bloß nicht wütend.« Doch dann kam er näher und befreite ihren Mund. »Was ist?«

»W.. w.. www...« Befreit von dem Knebel, ihrem eigenen, mittlerweile naßgrünen Schal, klapperten Susas Zähne erst mal einen Stakkato. Sie konnte nichts dagegen tun.

»W... w... was w... wollen Sie von mir?« Scheißzähne! Was will ein Mann, der erst einen Tresor knackt und dann die Frau des Juweliers als Geisel nimmt?

Er hatte eine rauhe Gangsterstimme, akzentlos: »Wenn Ihr Gatte vernünftig ist, wird Ihnen nichts geschehen. Ich will nur das, was mir zusteht.«

»Ach so!« Susa neigte in den unpassendsten Momenten dazu, schnippisch zu werden. Zum Beispiel, wenn sie große Angst spürte oder Wut oder sonst ein bedeutendes Gefühl. Das *vielschichtige Seelenleben des Krebses – eine spannende Mischung*, behauptete ihr Horoskop. Hermann brachte das immer auf die Palme, aber ihre Zähne beruhigten sich. »Was Ihnen zusteht?« fragte sie spitz, »aus unserem Tresor? Sind Sie Kommunist oder so?«

Der Mann hob die Hand, die das Tuch hielt. »Ich ... er ist ja nicht zu Hause«, fügte sie schnell hinzu. Ihre innere Stimme traf eindeutig immer den falschen Ton. »Falls es mein Mann ist, den Sie erreichen wollen.«

»Und wo zum Teufel ist er?«

Das hätte Susa auch gerne gewußt. Ihr hatte Hermann gesagt, Johannisfest hin, Johannisfest her, er müsse arbeiten, bis tief in die Nacht. Den Schaden begrenzen, den die Einbrüche in den letzten Monaten angerichtet hatten. Sie hatte ihn überraschen wollen, mit dem Spießbratenbrötchen vom Fest und einem Kuß. Als Abendessen. *Bestehende Beziehungen bekommen einen neuen Kick*. Haha. Die Paketschnur schnitt hart in ihre Gelenke.

»Er hat ein Handy«, bot sie an. »Aber ...« sie nickte in Richtung des offenen Tresors. »Sie sehen doch: Sonst so gut wie nichts mehr. Nur das bißchen, was im Schaufenster liegt. Haben Sie eine Ahnung, wie oft bei uns in letzter Zeit eingebrochen wurde?«

Der Mann ließ sich auf der Kante des Schreibtischs nieder und gab ein kurzes, schnaubendes Lachen von sich, bei dem seine Schurrbartspitzen zitterten. »Dreimal innerhalb von sechs Monaten«, sagte er, »im Dezember, Februar und Mai. Verluste im Wert von rund eins Komma fünf Millionen Mark. Die gesamte Weihnachtsauslage und die Goldkollektionen von Onofredi, Mendig, Barkley & Sons.«

»Das wissen Sie? Aber warum ...?« Wie dämlich durfte man eigentlich sein, selbst als Einbrecher?

»Was wollen Sie dann noch hier? Ich meine«, fügte Susa hastig hinzu, als sie sah, wie der eh schon dunkle Blick des Mannes sich noch weiter verdüsterte, »wäre es dann nicht günstiger, einen ... äh ... solventeren ... hm ... Kunden zu ... zu besuchen?«

»Versuchen Sie nicht, mich zu verarschen. Das funktioniert bei mir nicht. Nicht mehr.« Er beugte sich über sie, den Knebel in der Hand. »Die Nummer!«

»Was?«

»Die Handynummer, verdammt.«

»Ach ja. Die Nummer. Also: null – eins – sieben – null – sieben – zwei ...« Susa stockte. »Nein: drei. Also: sieben – drei – fünf ... nein: vier ... oder?« Susa und Zahlen! »Moment.«

Der Mann, der die Nummer auf der Tastatur mitgetippt hatte, hieb eine Faust auf Hermanns schweinslederne Schreibtischauflage. »Ich warne Sie, Frau Linsky!«

»W... was kann ich denn dafür?« Wieder stieg diese vermaledeite Schnippigkeit in ihr hoch: »Wie soll man sich konzentrieren, wenn mit diesem blöden Knebel vor einem rumgefuchtelt wird. An dem man gerade fast erstickt ist. Verraten Sie mir das bitte mal ...«

Der Mann verdrehte die Augen und stopfte das grüne Seidentuch in die Tasche seiner Lederjacke. »Ich höre.«

Susa versuchte es ehrlich. »Also: sieben – drei – fünf ... noch mal fünf, glaub ich ... vier ... vielleicht, wenn ich eine rauche. Am besten denken kann ich beim Rauchen.«

»Rauchen.« Der Verbrecher stieß einen Seufzer aus, der nicht zu seiner Verbrecherrolle paßte. »Natürlich.«

Er steckte eine Hand in die Jackentasche, doch Susa deutete mit dem Kinn auf ihre Handtasche, die verloren neben der Tür auf dem pfeffer- und sandfarbenen Teppich lag. So wie der aussah, rauchte er filterlos. Neben der Tasche lag die Brötchentüte, die schon durchfeuchtet war vom brätigen Saft.

Wo war bloß Hermann? Er konnte es nicht leiden, wenn sie in seinem Büro rauchte. Auch nicht in ihrem gemeinsamen Haus oder im Auto. *Ein Hauch von Leichtsinn und Abenteuer umgibt Sie.* Für einen Moment blitzte süße Befriedigung über Susas Gesichtszüge. Der Mann steckte ihr eine brennende Zigarette zwischen die Finger, und sie zog daran, mit gefesselten Händen, und ließ die Asche sorglos auf den Boden fallen. Selbst Hermann würde ihr in dieser Situation nicht das Rauchen verbieten können. In der sie war und nicht er. Die Angst kehrte zurück. Ach, Hermann ...

»S... sieben – drei – fünf – fünf – vier – sechs – drei!«

Der Mann grinste fies und tippte die Nummer ein, während Susa rauchte, als ginge es um ihr Leben. Wie würde Hermann sich verhalten? Polizei rufen? Verhandeln? Sie ihrem Schicksal überlassen? Nein, wie konnte sie das bloß denken? *Wenn Sie zu sich stehen, entwickelt sich alles positiv.* Als die Zigarette bis auf den Filter hinuntergebrannt war und der Mann keine Anstalten machte, sie ihr abzunehmen, blieb Susa nichts anderes übrig, als sie auf den Teppich fallen zu lassen.

Hermann würde sie natürlich retten! Würde notfalls die Villa beleihen, Kredite aufnehmen. Wenn er das Geld derzeit so beisammenhielt, daß es nicht mal zu einem Blumenstrauß am Geburtstag reichte, dann nur wegen der Einbrüche. Den Verlusten. Weil sie kaum mehr genug zum Leben hatten, wie er sagte ... Vielleicht würde er wieder ihren Vater bitten, Himmel hilf! Nein, diesmal nicht ... Spontan heroisch würde er diesmal an ihre Seite eilen, ihr Retter in der Stunde der Not. Hermann, Held mit der Rüstung aus Trompetengold, aber das nur, weil sie allergisch war gegen echtes Gold.

Als der Mann die letzte Zahl eingetippt hatte, hörten sie das Geräusch eines Schlüssels in der Tür.

Gerne verlassen Sie jetzt bewährte Pfade und vertrautes Denken und wagen sich in Ausnahmesituationen ...

Graziella Fortibono pfiff die letzten Takte des Liedes mit, das vom Schillerplatz her durch das Treppenhaus schallte. Dabei setzte sie den Eimer, in dem der Schrubber steckte, mit einem Rums ab und ließ die Schlüssel an dem dicken Bund einzeln durch ihre Finger gleiten. Sie brauchte nicht hinzuschauen; lange Erfahrung hatte ihre Fingerkuppen gelehrt, die zackigen Bärte zu unterscheiden.

Rums, fuhr jetzt der Schlüssel ins Schloß.

Die Fortibono pfiff und rumste nicht, weil ihr das Lied von den Dingen des Lebens so gut gefiel. Auch nicht, weil Johannisfest war und sie keine Lust gehabt hätte zu arbeiten. Volksfeste versetzten sie vielmehr in einen Zustand erhöhter Alarmbereitschaft, denn die Gefahr, um eine x-beliebige Ecke zu biegen und Lucio, *maledetto*, zu begegnen, der womöglich gerade dabei war, mit echtem Italoschmalz eine falsche Blondine um ihre Unschuld oder sonst was zu bringen, war groß. Zu Johanni und Fastnacht besonders groß. Nein, die Fortibono pfiff, um ihr Kommen anzukündigen. Weil einige der Herren in den teuren Büros auch nicht besser waren als dieser krumme Hund, soviel hatte sie inzwischen kapiert. Stets mußte sie auf der Hut sein, eine ehrenwerte Putzfrau, die es verabscheute, in unehrenwerte Machenschaften hineingezogen zu werden.

Die Fortibono pfiff einen Triller, »*stai pensando a te-e-e* ...«, nahm den Putzeimer mit dem Feudel und stieß die Bürotür auf. Schön ruhig, dachte sie noch.

Zwei Sekunden später wünschte Graziella Fortibono sich zum erstenmal in ihrem sechzigjährigen Leben, einen Mann in flagranti beim Sex zu ertappen. Sonst nichts. Einfach ganz normaler Sex. Dieser Mann hier hatte zwar eine Frau im Arm, doch die hatte gefesselte Hände und seine Linke vor ihrem Mund. Gleichzeitig stieß seine Rechte ihr selbst etwas Hartes direkt in die Galle. Nun hatte die Fortibono eine gut gepolsterte Galle, aber die Art ..., wirklich! Männer, *maledetti*, samt und sonders. Ihre Altstimme kreischte tief und raumfüllend auf. Die Situation verlangte nach Kreischen, und der schwarze Schnurrbart vor ihr zitterte wütend. Vor Überraschung? Oder vor Schreck?

»Wenn Sie nicht still sind, drück ich ab«, sagte der Mann roh, während er mit dem Fuß die Tür zustieß. Gleichzeitig rutschte seine Hand von dem Mund der anderen Frau, einer nicht mehr ganz jungen, ganz ansehnlichen Frau, auch wenn ihr Haar mausdunkelblond war und ihr Lippenstift verschmiert. Der Fortibono kam es selbst merkwürdig vor, daß sie das jetzt registrierte. Die nicht mehr ganz junge Frau gab einen Gickser von sich und verstummte abrupt, wie ein Hähnchen, das beim Morgenschrei abgemurkst wird. Dann ein Stammeln: »N... ni... nicht. Bi... bitte«. Und ein ziemlich hochnäsiges: »Wenn ich ersticke, kriegen Sie gar nichts von meinem Mann.«

Ihr Mann, ach so, aha. Die Fortibono kombinierte. Mann: der Juwelier. Mausblondie: seine Frau. Kein Sex. Keine Spielchen mit Fesseln. Ein Überfall. »Hilfe«, kreischte sie spontan wieder auf. »Polizei. Madonna. *Aiuto*!«

»Seien Sie ruhig«, zischte der Mann, »aber sofort«, und die Frau des Juweliers haspelte aufgeregt: »Sonst verpaßt er Ihnen einen Knebel.« Die Waffe bohrte sich noch etwas tiefer in Graziellas Fleisch.

Worauf sie das Kreischen sofort abbrach. Nicht zu sprechen stellte sie sich fast ebenso schlimm vor wie nicht zu atmen. »Schon gut«, ein Theaterflüstern zauberte sich in ihre Stimme, »ich bin ganz still. Wie Mäuschen still. Tu alles, was Sie sagen.« Die Fortibono hob filmreif die Hände. »Nicht schießen«, worauf der Mann sie mit der Waffe Richtung Schreibtisch schob. *Sehr* unangenehm, dieses Schieben. Verstärkter Druck am Oberbauch. Plötzlich verstand sie, die Italienerin, eine der wunderlichen deutschen Redewendungen: Ihr lief, nein, ihr schwappte geradezu die Galle über. »Aber was machen Sie denn da, junger Mann?« herrschte sie mammahaft den Kerl an, wenn auch theaterflüsternd und ungeachtet der Tatsache, daß auch der seine Jugend längst hinter sich hatte. »Drücken Sie doch nicht so fest, wenn ich bitten darf, mein Gallenstein, vielleicht sind es jetzt auch schon zwei oder drei. Hören Sie! Hören Sie augenblicklich mit dem Unfug auf.« Das Alt tremolierte pathetisch: »Geld ist doch kein Grund ... aber denken Sie an Ihr Seelenheil, denn wenn Sie ... und auch Sie werden eines Tages vor unserem höchsten Richter stehen, und der wird Sie fragen: Sohn, wird er fragen, was hast du angerichtet? Wie ich immer zu meinem Lucio gesagt habe ...« Sie brach ab, weil zwei Augenpaare sie völlig entgeistert anstarrten. »Lucio ist ... war mein Mann«, erklärte sie, wobei sie sich vorsichtshalber bekreuzigte, »und ist für immer verloren, weil ...«

»Seien Sie endlich still!« Der Mann war sichtlich überfordert mit zwei Geiseln. »Hier rüber«, dirigierte er die Fortibono auf den Besucherstuhl, während er Susa zurück auf den dunkelbraunen Chefsessel drückte. »Wenn Sie still sind, passiert Ihnen nichts. Der Linsky gibt mir, was mir zusteht, und Sie sind frei. Ich muß nur, sicherheitshalber ...« Ein Hauch von Verlegenheit schwang in seinen Worten mit, als er sich die Rolle Paketband schnappte, die auf dem Tisch lag, und reichlich zaghaft der Fortibono Schnur um die Handgelenke band.

»Nicht so fest, junger Mann«, sagte Graziella streng, »da ist viel Wasser in meinem Gewebe, *capito*, und wenn es da zum Blutstau kommt, und die Hand stirbt ab, *dio mio*, Sie wollen doch Ihr Seelenheil nicht wegen einer Hand ...«

»Bei mir schneidet's auch ein«, mischte Susa sich ein. »Könnten Sie es nicht etwas lockerer machen?«

»Sehen Sie, mein Ehering«, fuhr die Fortibono unbeirrt fort. »Wollte ich gleich ablegen nach der Scheidung von Lucio, aber geht nicht, ist zu eng, nicht mit Seife, nicht mit Öl, und muß nun zusehen, wie der Finger abstirbt und abstirbt ...«

Der Verbrecher knüpfte ihr einen Knoten so locker, daß er auseinanderfiel, als sie sich an der Nase kratzte. Dann lockerte er Susas Fessel nur ein ganz klein wenig, was die zu einem schnippischen Dankeschön verleitete. Er sah mit einem Mal reichlich mitgenommen aus. »Ich rufe jetzt Ihren Mann an, der rückt den Schmuck raus, und dann ist das alles hier hoffentlich schnell vorbei.«

Er wählte.

»*Sfortunato*«, zischelte die Fortibono Susa zu, »Kindchen, Kindchen, in was sind wir da geraten? Dieser Unglückliche. Madonna! Ich wußte, daß heute etwas geschieht!«

»Dabei stehen meine ... meine Sterne so gut.« *Dazu tragen all die neuen Menschen bei, die Sie kennenlernen.* »Kann man mal sehen. Aber mein Mann wird kommen. Und die Sache in Ordnung bringen ...«

»Das will ich ihm auch raten«, sagte der Mann. Nur hatte Hermann Linsky derzeit sein Handy ausgestellt, wo immer er sich aufhielt. »Ich habe nicht vor, lange zu warten. Er wird also kommen. Hoffentlich wird er kommen. Seien Sie still, Frau ...«

»Fortibono, Graziella Maria Fortibono. Die Sterne lügen nicht. Machen Sie sich doch nicht unglücklich, junger Mann ...«

Der Verbrecher hackte erneut auf die Taste. »Ihr gewünschter Gesprächspartner ist zur Zeit leider nicht erreichbar ...«

»Verdammt.«

»Aber Hermann ... uns wurde doch bereits alles gestohlen«, sagte Susa solidarisch. »Das wissen *Sie* doch am besten! Ich meine ... Sie wissen doch ...«

Aus schmalen Augen sah er sie an. »Ich weiß, daß er Versicherungsgelder kassiert hat, eins Komma fünf Millionen. Drei angebliche Einbrüche, drei Kollektionen.« Er beugte sich blitzschnell über Susa, riß ihr die Brosche vom Revers, die Hermann ihr zum vierzigsten Geburtstag vor drei Jahren geschenkt hatte, und warf sie auf die Tischplatte, wo sie bis zur Kante schlitterte. »Und alle haben sich verarschen lassen: Ein paar billige Nachahmungen und wieder ein Einbruch! Und noch einer. Nur das Geld war echt, das er ausgezahlt bekam.«

»Sie ... Sie meinen ...« Plötzlich klapperten Susas Zähne wieder. »Sie sind verrückt!«

»Arme Frau. *Tutti maledetti* ...« brabbelte es vom Besucherstuhl. Die Fortibono nahm die Brosche und biß darauf. »Blech!« stellte sie ungewohnt einsilbig fest.

»Weil ich allergisch gegen Gold bin. Sonst hat Hermann nur echtes. Sie wollen doch nicht sagen, daß Hermann ...? Aber wir haben alles verloren. Sie sind völlig falsch informiert.«

»Wir haben es nur nicht nachweisen können. Aber mein Rausschmiß war echt ... Sie haben es wirklich nicht gewußt?«

Susa starrte in die Verbrecheraugen. »Ich glaub, mir wird schlecht«, sagte sie und kippte im Bürostuhl zurück.

Die Fortibono sprang auf und schob den Mann zur Seite, der nicht wußte, auf wen er die Waffe richten sollte. Mit Fesseln, die um ihre Gelenke baumelten, rannte sie zu dem Einbauschrank, in dem Hermanns Akten und ein reichlicher Vorrat an Spirituosen untergebracht waren. Sie kannte sich erstaunlich gut aus.

»Cognac«, sagte Susa matt.

Die Fortibono goß großzügig ein, sich selbst auch ein Gläschen, und, wo sie schon dabei war, auch eines für den zwar kriminellen, aber erschöpften Mann. Alle drei tranken still, dann ergriff wieder die wackere Putzfrau das Wort. »Nichts zu danken, junger Mann. Und jetzt erklären Sie uns bitte, was Sie da gemeint haben.«

Einen Moment lang guckte der Verbrecher empört. »Warum sollte ich Ihnen ...« Er resignierte schon beim Anlauf. Ließ sich auf den zweiten Besucherstuhl fallen, die Waffe auf dem Knie, in Richtung Susa gerichtet. »Sie wollen behaupten, daß Sie nicht wissen, daß Ihr Mann eins Komma fünf Millionen von der Versicherung kassiert hat?«

Susa schüttelte langsam den Kopf. »Geben Sie mir noch eine Zigarette.« Die Fortibono schenkte Cognac nach.

»Fünfundzwanzig Jahre«, sagte er, »war ich bei der Versicherungsfirma. Ein ganzes Vierteljahrhundert, um am Schluß an Ihren Mann zu geraten. Zuerst dachte ich: Schönes Glück. Eine super Prämie als Abschiedsgeschenk, denn mit fünfzig wollte ich gehen. Noch einmal ganz neu anfangen, das war mein Traum. Etwas aufbauen, mit meiner Hände Arbeit, ein kleiner Weinberg im Süden ...« Er brach ab und betrachtete seine ungeschlachten Pranken. »Kurz nach meinem neunundvierzigsten Geburtstag flatterte die Kündigung ins Haus. Wegen Erfolglosigkeit. Drei Einbrüche bei Ihrem Mann, drei Auszahlungen, und plötzlich überall diese billigen Kopien. Aber nichts war ihm nachzuweisen. Gar nichts. Unfähig wär ich, sagten sie da. Aber ich weiß ...«

»Woher wollen Sie das wissen?« Dabei rumorte es in Susas Kopf: Einskommafünf Millionen. Einskommafünf! Millionen! *Sie sind sensibel für Zwischentöne. Einzige Gefahr: Gutgläubigkeit* ... Und mir hat er gesagt ... Hermann, um Himmels willen! Sie kippte ein zweites Glas Cognac. Trat die Kippe bewußt auf dem Teppich aus. »Und im Tresor war ...?«

»Nichts. Nur Papiere und diese leere Schatulle.« Der Mann streckte der Putzfrau sein Cognacglas entgegen. Doch als Susa aufstand, richtete er die Waffe auf sie. »Setzen Sie sich, verdammt noch mal. Ich will nur, was mir zusteht, und das bekomme ich diesmal auch. Sie gegen den Schmuck. Oder das Geld. Dann bin ich sofort weg.«

Susa ignorierte ihn. Auf dem Weg zum Tresor zündete sie sich eine weitere Zigarette an. Sonst rauchte sie nie so viel. Sie stieg über den Schrubber und den Putzeimer, die der Fortibono aus der Hand gefallen waren, als sie hereinkam. Die Papiere, die überall auf dem Boden herumlagen, sagten ihr nichts. Aber die Schatulle kannte sie. Hermann hatte sie eines Abends im Dezember mit nach Hause gebracht. Reparaturartikel, hatte er gesagt, und sie hatte sich nur kurz gewundert, daß er sie nicht im Tresor verstaute wie sonst. *Einzige Gefahr: Gutgläubigkeit.* Die Schatulle war schwer gewesen, doch jetzt war sie leicht. Und leer.

»Mein Mann wird das alles erklären können«, sagte sie. Wo blieb er überhaupt? Arbeiten müsse er! Deshalb konnte er auch nicht mit aufs Johannisfest, an ihrem Geburtstag. Und jetzt warteten sie schon wie lange auf ihn? Eine halbe Stunde? Eine Stunde? Susa wühlte in den Papieren und stieß auf etwas Kleines aus roter Pappe. Hermanns Reisepaß.

»Ich will nur meinen Weinberg bezahlen«, sagte der Verbrecher unbarmherzig. »Und das werde ich auch. Die letzte Rate. Das oder die Katastrophe; es gibt kein Zurück.«

Die Fortibono sah schon seit längerem so aus, als wolle sie gleich platzen. Sie hatte den Rest des Cognacs in den Gläsern verteilt. »Männer!« echote sie sich zum x-ten Mal, »mein Lucio hat mir auch viel erzählt von Vertrauen und Ehre und Tradition. Frau ist Herrin der Küche. Ich, damals in unserem *ristorante*, und er der Chef an den Tischen. Aber Chef hat viele Frauen. Blonde, junge, die kosten Geld ... Graziella Maria Fortibono hat nicht zugeguckt. Ist gegangen ... Lieber Putzfrau, aber mit Stolz ...« Heftig leckte sie sich einen letzten Tropfen aus dem Mundwinkel.

»Hermann ist mir immer treu gewesen«, sagte Susa empört. Sie legte den Reisepaß ihres Mannes auf den Schreibtisch, direkt neben die Brosche. Und zu dem Verbrecher sagte sie: »Er wird alles erklären können, bestimmt.«

Die Putzfrau sah sie welterfahren und ein bißchen mitleidig an. »Kindchen«, sagte sie, »warum braucht ein Mann teuren Schmuck und soviel Geld? Wenn er doch alles hat: Villa, Arbeit, eine gute Frau. Eine Frau, die sogar allergisch gegen Gold ist ...«

»Seien Sie still.« Wo war Hermann, wenn er angeblich immer arbeitete? Wie jetzt? Die ewigen Geschäftsreisen? Für was brauchte er eins Komma fünf Millionen? Die er ihr verschwieg.

»Zwei Jahre putze ich schon dieses Haus. Ich habe vieles gesehen. Die Herren sehen durch Putzfrau hindurch. Unsichtbar wie sauberes Glas muß sie sein.«

»*Was* gesehen?« fragten Susa und der Verbrecher gleichzeitig. Sie zuckte die Achseln. »Nichts mit Geld oder Schmuck, tut mir leid, *signore*. Aber ... die Frau. Nach Geschäftsschluß. Hier. Die Blonde.«

»Das ist nicht wahr.«

»Leider.« Die Fortibono wiegte bekümmert den Kopf. »Männer! Ich habe die Tür gleich zugemacht, aber ich glaube ... ist die Verkäuferin von unten.«

Die falschblonde Schlampe! Nein, das war nicht möglich. Die konnte kaum bis drei zählen. Aber Hermann sagte immer, das Rechnen solle man ihm überlassen ...

Der Verbrecher zündete sich auch eine Zigarette an, während Susa zum Wandschrank ging. Der Blick aus dunklen Augen, der ihr folgte, war grüblerisch. Mitleidig oder schadenfroh? Sie wußte es nicht. »Sieht aus, als sei ich nicht der einzige, der verarscht worden ist«, sagte er mit einem Schulterzucken.

Cognac gab es keinen mehr. Susa verspürte einen leichten Schwindel, aber es mußte noch etwas Hochprozentiges sein. Grappa, das hörte sich gut an. Besser als Hermann und die Verkäuferin. Erst einmal beruhigen. Contenance, darauf legte er stets großen Wert. »Wo ist denn eigentlich dieser Weinberg im Süden?« bemühte sie sich um Konversation. »Ich meine: Ihr Weinberg. Ihr zukünftiger.«

»Italien. In den Hügeln von ...« Doch plötzlich stand Mißtrauen in den Augen, eine jähe Schläue. »Ziemlich raffiniert, Frau Linsky. Halten Sie mich für blöd?« Der Verbrecher klopfte mit der Waffe auf den Tisch, dann hielt er Susa sein Glas hin. »Wer mich findet, wird es bereuen.«

»Aber ...« Susas Hand zitterte beim Einschenken.

»Ah, *Italia! Italia mia* ...« Die Fortibono, allzugerne bereit, das Thema zu wechseln, entschloß sich, den Mißklang zu überhören. Es brachte ja doch nichts, über die verschlagenen Herzen der Männer zu klagen. Schluß, Schwamm drüber, aus, und selber die Ärmel aufkrempeln. »Wenn ich genug Geld beisammen habe, geh ich auch zurück nach Italien und mache eigene Trattoria auf. Und dann Lebwohl! *Ciao*, Lucio.«

Susa ließ sich schwer in ihren Stuhl zurückfallen. Allmählich mußte sie aufpassen, daß ihr Stimme nicht schlurte. »Ich will Ssie .. gar nicht finden. Nur iss ... Italien iss auch ... ist auch mein Lieblingsland. ›Kennst du das Land, wo die Zitronen blühn?‹ Aber wir haben nicht genug Geld.« Sie gab ein trockenes Lachen von sich, das eher einem Schluchzer glich.

»Kein Geld. Madonna!«

»›Im dunklen Laub die ...‹ was noch schnell? ›... die Goldorangen glühn‹. Gold!« Susa lachte, um nicht zu weinen, und auch der Mann verzog jetzt sein Gesicht zu etwas wie einem knappen Lächeln. Im letzten Abendlicht, das durchs Fenster hereindrang, sah die Grappa aus wie flüssiges Gold. »Dahin«, sagte er verträumt, »dahin ...«

Und Susa spürte ein Kribbeln von Käfern, die ihre Wangen hochkletterten. Käfern mit schnellen, warmen Beinchen. Sie trank, hochrot im Gesicht und verschluckte sich.

»... werde *ich* auf jeden Fall ziehn«, improvisierte der Mann hastig, und sie nickte ebenso.

»Wir sitzen alle in einem Boot«, seufzte die Fortibono ungeniert und hob ebenfalls ihr Glas. »Und was jetzt?«

Blicke kreuzten sich, hochprozentig klar und gedankenschwer zugleich. Auch die Musik draußen war verstummt.

In diese deutliche, bedeutungsvolle, ja, fast laute Stille knallte das erneute Klacken des Türschlosses wie ein Revolverschuß.

Was ist ein Leben ohne Abenteuer? Erfahrungen bringen Ihnen die Wandlung ... Und auch in der Liebe darf es gern mal etwas anderes sein ...

Hermann Linsky stand in der Tür. Er trug den braunkarierten Anzug – seinen sogenannten Reiseanzug – und einen Aktenkoffer unter dem Arm. Ihm quollen geradezu die Augen aus dem Kopf, als er das Arrangement vor sich sah: Seine Gattin, zierlich hinter dem Schreibtisch, an einen riesigen dunklen Mann gelehnt, ja, regelrecht *gepreßt*, der ihr seitlich eine Waffe an den Kopf und damit zugleich eine ältere Frau im Schach hielt, die vor ihnen auf dem Drehstuhl saß. Die ältere Frau hatte seltsam glasige Augen.

Erst auf den zweiten Blick erkannte Hermann die Fortibono, die sich, Wasser oder vielmehr Cognac und Grappa in den Gelenken, dringend hatte setzen müssen.

Auch die Gattin sah reichlich mitgenommen aus.

»Aber ... aber, was, wie ...« schnappte Hermann in Fischmanier nach Luft. Dann explodierte er. »Susanne!« Als habe er sie bei etwas Unzüchtigem ertappt.

»Machen Sie die Tür hinter sich zu, Herr Linsky. Wenn Sie nicht wollen, daß Ihrer Frau etwas geschieht.«

Hermann parierte automatisch. Schloß fein säuberlich die Tür, drehte sich wieder zu ihnen um, den Aktenkoffer jetzt wie ein Schutzschild vor der Brust, und machte einen Schritt auf den Schreibtisch zu. »Susanne! Aber. Da ... dein Kopf ...«

»Das ist eine Pistole.« Susa räusperte sich, um den Gedanken zu vertreiben, er meine womöglich ihre nicht mehr lockige, nicht mehr blonde Frisur. »Wo warst du denn bloß, Hermann?« Sie stutzte. »Warum trägst du den Reiseanzug?«

»Schsch!« Hermann machte ein pikiertes Gesicht. »Was wollen Sie von meiner Gattin?« fragte er scharf.

»Nichts, Herr Linsky. Ich will einen Tausch: das Geld gegen Ihre Frau. Einskommafünf Millionen. Oder den Schmuck, Sie haben die Wahl.«

»Hermann! Er bringt uns um, wenn du's nicht machst.«

Hermann machte erst einmal auf dumm. »Was für ein Geld? Wir haben doch gar nichts mehr. Hast du ihm das nicht beibringen können, Susanne?«

»Das Geld von der Versicherung, Herr Linsky. Ich habe nicht mehr allzuviel Geduld.«

Hermann überlegte. Susa beobachtete, wie seine Augen hin- und herflitzten, vom offenen Tresor zum papierübersäten Teppich zum Schreibtisch. Sie streckte die Hand aus, ohne an die Pistole zu denken, und angelte mit den Fingerspitzen nach dem Reisepaß, der immer noch neben der Brosche lag. Grob drückte der Mann ihr das nackte Metall gegen die Schläfe. Schmerzhaft. Sie schnappte nach Luft.

»Lassen Sie das«, zischte er.

Die Fortibono, die näher dran saß, schob Susa den Paß zu.

»*Signore* Linsky«, röhrte sie dabei dramatisch. »Helfen Sie uns. Um Jesu, der Madonna und aller Heiligen willen.«

»Schieben Sie den Koffer ganz langsam auf den Tisch. Genau in die Mitte. Dann klappen Sie ihn auf.«

Aber Hermann klammerte sich an seinem Schutzschild fest. Seine Finger hinterließen feuchte Schweißspuren auf dem Leder. »Was erlauben Sie sich, Herr ...?« Mit einem Mal huschte Erkennen über seine Augen. »Feldmann. Robert Feldmann. Der alberne Schnurrbart!« Sein Kichern nahm den Klang von Erleichterung an. »Sind Sie toll geworden, Mann? Können Sie nicht mit Anstand verlieren? Susanne, komm her und gib mir meinen Paß.«

Susa klammerte sich ebenso an dem Stück Pappe fest wie Hermann am Koffer. »Warum trägst du deinen Reiseanzug, Hermann? Willst du weg? Mit wem?«

»Red doch keinen Unsinn, Susanne. Gib mir den Paß.«

»Eine Bewegung, und ich drück ab. Wenn's sein muß auf Sie, Frau Linsky, das können Sie mir glauben.«

Susa glaubte ihm. Menschen haben verschiedene Seiten.

Zarte und grobe. Anziehende und mörderische. Wie ein übler Brei breitete sich mit einem Mal Angst in ihrem Magen aus. Sie konzentrierte sich auf Hermann. »Er hat gesagt, du hast viel Geld. Und dann nicht mal eine Blume zum Geburtstag, Hermann? Nicht ein klitzekleines Geschenk!«

»Der Mann lügt natürlich.« Hermann lächelte sie etwas mühsam an. »Das ist Robert Feldmann, Versicherungsagent. Ein Versager, der durchdreht, weil sie ihn rausgeschmissen haben. Wegen chronischer Erfolglosigkeit. Du wirst dem doch nicht glauben, Schatz. Ich muß sagen, deine Naivität ist manchmal wirklich erschreckend.«

Susa zögerte. *Einzige Gefahr: Gutgläubigkeit. Sie sind geneigt, andere schnell mit einem Glorienschein auszustatten.*

Sie wünschte, der Verbrecher würde etwas sagen, aber er tat ihr den Gefallen nicht. Nur die Pistole an ihrem Ohr zitterte leicht. Von der Fortibono kam ein vulkanisches Grummeln. »*Maledetto.*« Sie erklärte nicht weiter, wen sie meinte.

»Hermann. Ist das Geld in dem Koffer? Oder der Schmuck? Du hast gesagt, du mußt arbeiten. Wie konntest du bloß ...?«

»Susanne, mein Schatz, jetzt hör aber auf. Man wird doch mal rasch ein Spießbratenbrötchen essen dürfen, nach zehn Stunden Arbeit. Du weißt, wie ich mich abrakkere, um die Verluste aufzuholen. Für dich, Liebling. Du willst doch auch nicht, daß wir wieder deinen alten Herrn bitten müssen ...«

Susa deutete ein Kopfschütteln an. »Aber, Hermann ...«

»Komm zu dir, Schatz!«

Süßholzgeraspel! Die Fortibono, der ähnliches an Tonlage, »Liebling« und »Schatz« vertraut war – und es war *immer* erstunken und erlogen –, knirschte mit den Zähnen: »*Signora*, seien Sie nicht dumm. Denken Sie an die Blonde.«

»Gute Frau, was reden Sie denn da?«

»Hermann. Sie hat gesagt, daß du hier ... in diesem Büro ... mit der Verkäuferin von unten ... Daß du ein Verhältnis hast.«

Hermann lachte auf: »Mein Gott, Susannchen. Ich? Eine Verkäuferin? Kann es sein, daß die ... Dame eine etwas lebhafte Phantasie hat? Eine gewisse Neigung zum Vulgären? Aber was erwartest du: Die Herkunft formt das Kind, wie es so schön heißt. Meiner Ansicht nach ...«

»Sie ... Sie erbärmlicher ... Mann!« donnerte die Fortibono.

Gleichzeitig sagte der Verbrecher scharf: »Schluß mit dem Gefasel. Wen interessiert schon Ihre Ansicht, Sie arroganter Idiot. Den Koffer auf den Tisch, aber sofort.«

»Den Koffer kriegen Sie nicht. Verbrecher.«

»Elender Lügner. Sie Dieb. Sie ...«

Susa überlegte fieberhaft. Hermann hatte tatsächlich immer darauf geachtet, daß – wie er es ausdrückte – die gesellschaftlichen Ebenen sich nicht zu sehr kreuzten. Und die Putzfrau war natürlich vorbelastet mit ihrem, wie hieß der, Lucio ...

Höhnisch zischte ihr Mann: »Sagt er. Ein Einbrecher!

Um was geht's dem denn? Um Geld!« Er sprach jetzt nur noch zu seiner Frau. »Den letzten Rest will er uns nehmen, ist dir das klar? *Deine* Zukunft ist dem egal. Dem geht's nur um sich ...«

Um seinen Weinberg, dachte Susa. Hermann und eine Verkäuferin!? Undenkbar, trotz allem, was in ihrer Ehe an Trott und Gleichgültigkeit nicht zu leugnen war. Was auch normal war, nach all den Jahren. Hermann sorgte für sie. Sorgte gut. *In Beziehungen lieben Sie total.*

»Dabei kriegt er nicht mal einen lohnenden Bruch hin, der Trottel! Einem nackten Mann kann man nicht in die Taschen greifen, Feldmann.«

»Halten Sie die Fresse.«

»Können Sie die Wahrheit nicht hören?«

»Den Koffer, oder ich schieße, verdammt«, sagte der Mann, »egal wie, aber ich bekomme ihn.«

Nein, Hermann würde sie niemals hängenlassen.

»Dann schießen Sie doch!« Mit Gewalt stieß Susa plötzlich den Arm mit der Waffe weg, löste sich aus dem Griff des Verbrechers und sah ihn an, sah in dunkle Augen, in denen nichts Definierbares stand. Noch spürte sie das Metall an ihrem Ohrläppchen. *Dahin* ... Das Schwein! Mit Hermanns und ihrem allerletzten Geld!

»Komm zu mir, Susanne«, sagte Hermann sanft. »In dem Koffer sind natürlich Rechnungen, Reparaturaufträge und eine Kleinigkeit für dich. Zum Geburtstag.«

»Ich will auch mal nach Italien.«

»Wenn all das vorbei ist, fahren wir hin. Verspreche ich dir.«

Die Fortibono saugte die Luft scharf ein, als Susanne den Abstand zwischen sich und Robert vergrößerte. Sie machte einen Schritt rückwärts von ihm weg, Richtung Hermann. Die Waffe folgte ihr, genau Richtung Herz.

»Hermann!«

»Er wird dir nichts tun. Dazu ist er viel zu feige.«

Noch ein Schritt. Die Hand des Einbrechers blieb regungslos in der Luft stehen. Das Klacken, mit dem im Film der Verbrecher seine Waffe spannt, blieb aus. Er blickte ihr einfach nach, mit Augen wie Schiefer in einem trockenen Sommer. Susa machte einen weiteren Schritt auf ihren Hermann zu.

Weil sie aber nicht ihn anschaute, sondern immer noch den Verbrecher, bekam sie erst gar nicht mit, was geschah. Erst als die Fortibono tief und raumfüllend aufkreischte, als Susa genau zwischen Robert und ihrem Gatten stand und dem somit Deckung bot, setzte Hermann zu einem Hechtsprung über den Schreibtisch an. Wie motorisiert sauste der Drehstuhl mit der Fortibono nach links, die kreischte und kreischte, und schon hatte Hermann die rechte Schreibtischschublade aufgerissen und plötzlich selbst eine Pistole in der Hand. Jetzt folgte das filmreife Klacken doch noch.

»Keine Bewegung. Sie lassen die Waffe fallen.«

Der Mann und Susa standen erstarrt wie zweitausendjährige Pompejaner. Auge in Auge. Die Pistole des Verbrechers fiel und wurde vom Teppich weich aufgefangen. Die Fortibono verschluckte ihren letzten Kreisch.

»Und jetzt gib mir endlich den Paß, Susanne«, sagte Hermann. »Leg ihn auf den Tisch.«

»Aber Hermann!«

»Tu, was ich dir sage!«

Eingeschüchtert legte Susa den Reisepaß zurück neben die Brosche. »Was ... was willst du denn ...?«

»Glaubst du, ich laß mir's jetzt noch versauen, so kurz vor Schluß? Du stopfst der Putzfrau damit das Maul.« Hermann warf Susa sein blütenweißes Taschentuch zu. »Die Frau ist zu laut. Dann fesselst du sie. Mit der Paketschnur. Ordentlich fest, wenn ich bitten darf, keine Schlamperei. Geh ganz langsam auf sie zu. Keine Bewegung, Feldmann.«

»Aber Hermann, ich verstehe nicht ...«

»Du hast noch nie was kapiert. Naive Kuh. Mach schon.«

Susa dreht ihm wieder den Rücken zu und machte ein paar steife Schritt auf die Fortibono zu. Sie hatte das Gefühl, keine Gelenke mehr zu haben. Nur Stein. Hermann folgte ihr, wobei er seine Waffe auf Robert gerichtet hielt. Susa hatte nicht einmal gewußt, daß er eine Waffe besaß.

»Sie kommen hier rüber, Feldmann. Wir machen's so kurz, wie Sie wollten.«

»Was hast du vor, Hermann? Du kannst doch nicht einfach ...«

»Notwehr! Tu nur, was ich dir sage.«

Doch einmal in ihrem Leben tat Susa das nicht. *Gerne verlassen Sie bewährte Pfade ...* Zwar machte sie noch einen zögerlichen Schritt vor, auf die Fortibono zu, dann aber urplötzlich zwei energische zurück – ... *und wagen sich in Ausnahmesituationen* –, wirbelte zu Hermann herum, der mit der Waffe genau auf Roberts Brust zielte.

Im nachhinein konnte sie sich nicht erinnern, was sie mit diesem einen Schritt vor und den zweien zurück bezweckt hatte. Mit diesem abrupten Wirbel, der Hermann erschreckte und seinen Mund in ein offenes O verformte. Daß sie dabei auf den Schrubber trat, der mitten auf dem Teppich lag, war jedenfalls nicht geplant. Auch nicht, daß der, in einer makabren physikalischen Reaktion, sich in Bewegung setzte, der Stiel hochschnellte, Hermanns ausgestreckten Arm traf, der wie selbständig im Armgelenk knickte, und die Pistole mit einem Mal Richtung Hermanns offenen Fischmund wies.

Dann löste sich der Schuß.

Wagemut und Freiheitsdrang – Im Juni sind Sie für den großen Schritt geradezu prädestiniert.

Am Montag – auf dem Höhepunkt des Johannisfest, wenn jeder Mainzer noch einmal so richtig die Sau rausläßt und es über dem Rhein ein riesiges Feuerwerk gibt – war der Tod des Juweliers Linsky *das* Gesprächsthema. Wie immer waren die Meinungen in verschiedene Lager geteilt: Die einen, die Biederen, allen voran die biederen Ehegatten, die ihre Gattinnen schon lange nur noch flüchtig wahrnahmen, fanden es empörend, wie Susa Linsky den armen Hermann in den Tod getrieben hatte. Da hatte er sich ein Leben lang abgerackert, hatte soviel Pech gehabt in letzter Zeit (obwohl, man munkelte ...) und dann das! Verliebt, verliebt, was hieß das schon? Viele der biederen Gattinnen jedoch betrachteten mit Interesse den Schnappschuß in der Zeitung, der Susa und diesen Feldmann beim Feiern zeigte, am Freitagabend vor dem Gasthaus Bluhm, und ein Seufzer entrang sich ihrer Brust. Nicht, daß sie Susa so ein Glück gönnten, aber schlecht sah er nicht aus, dieser Kerl. Und wie er die Linsky *anschaute*!

Nicht heimlich, sondern offensiv pro Susa zeigte sich die Fraktion der Schadenfreudigen, Romantischen und Phantasiebegabten. Plötzlich hatten sie alle gewußt, daß Linsky ein Schürzenjäger war. Eine blonde Verkäuferin konnte da einiges erzählen über Florida und ganz von vorne anfangen und einem Aktenkoffer voller Geld. Nein, an die Ehefrau hatte sie dabei nicht gedacht, das Weibsstück, was Susa jetzt zugute kam und sie auf der Beliebtheitsskala der Fraktion noch ein Stück weiter vorrücken ließ. Nur allzu verständlich, wenn sie den untreuen Gatten ihrerseits für die Liebe verließ! Und daß er damit nicht zurechtkam – Pech! Dieser Chauvi, Hintergeher, Betrüger, dessen Geschäfte ... nun, da wurde auch einiges geredet. Vielleicht, daß sein Selbstmord auch – irgendwie – damit zusammenhing?

Fest stand jedenfalls, daß es Selbstmord gewesen war. Schmauchspuren an Hermann Linskys rechter Hand, keine fremden Fingerabdrücke im ganzen Büro – eigentlich überflüssig, daß die Putzfrau Graziella Maria Fortibono schon wieder zum Putzen angetreten war, als sie den Toten fand – und dann die tränenreiche Aussage der Frau Linsky, daß sie am selben Tag ihrem Mann die Trennung verkündet hatte. Ja, wenn sie gewußt hätte, wie schwer er es nehmen würde! Wenn sie geahnt hätte! Eine Tragödie! Und recht hatte sie, die Frau Linsky, sich dem Tratsch, der Häme und dem falschen Mitgefühl zu entziehen und ins Ausland zu gehen.

Als das sensationsgeile Interesse an ihrer Person allmählich erlosch, beschloß auch die Fortibono, Mainz den Rücken zu kehren. Es heißt, sie lebe jetzt in den umbrischen Hügeln, irgendwo bei Città di Castello, wo sie auf einem Weingut eine ganz exquisite Trattoria führe, ein Geheimtip, viel zu teuer, viel zu fein für einen wie Lucio, den heftige Reue plagte.

Frank Ronan
Krebs im Aszendenten

Packen Sie's an, riet die Tageszeitung, im Haus oder am Arbeitsplatz.

Anpacken? Zupacken? Packen Sie ein? Es brauchte Zeit, bis sie die Bedeutung des Wortes erfaßte. Packen Sie's an.

Im Haus oder am Arbeitsplatz.

Sie ließ den Blick langsam durch den Raum gleiten, das Haus oder den Arbeitsplatz, was sollte sie hier anpacken? Schließlich kamen die Augen zur Ruhe, und wie so oft blieb ihr Blick bei dem Hund hängen. Wie immer, wenn man ihn anschaute, fing der Hund an, sich zu winden und zu winseln.

»Pack's an, Süße.«

Wie immer, wenn man zu ihm sprach, stupste der Hund den Kopf in ihren Schoß, drängte sich mit dem heftig wedelnden, buschigen Schwanz an sie. Wenn sie dem Tier sagte, es sei ein gutes Mädchen, würde das Winseln in Wimmern übergehen.

Die Tageszeitung lag zusammengefaltet auf dem unteren Bord des Couchtischs. Die Schale im orientalischen Stil mit den fünf Abteilungen für fünf verschiedene Sorten Knabberzeug war genau in die Mitte des Couchtischs gerückt und das Deckchen darunter schon auf Sauberkeit hin überprüft worden.

Mit dem Staubtuch in der Hand ging sie durch das ganze untere Stockwerk, wischte und kontrollierte jedes Zimmer ihres Hauses und Arbeitsplatzes, nahm jede einzelne der gerahmten Fotografien in die Hand, um die Gesichter der Lebenden und der Toten abzustauben. Ein Haus konnte nie sauber genug sein. Kaum hatte man sich umgedreht, tauchte der Staub wieder aus dem Nichts auf. Wahrscheinlich trug der Hund den meisten Schmutz herein, aber das war der Preis für seine Gesellschaft. Eines ihrer Kinder – es konnte nur Mark gewesen sein – hatte erklärt, der Staub käme aus dem Weltraum, von den Sternen und Planeten und Meteoren.

Sie betrachtete die schwarzen Stellen auf dem Staubtuch. Wenn das Sternenstaub war, sollten sie ihn besser aufbewahren. Und sie hatte gelesen – wo hatte sie das gelesen? – irgendwo, bestimmt in der Sonntagszeitung, hatte sie gelesen, daß der Staub zum größten Teil aus Schuppen von abgestorbener Haut bestand. Tote Stückchen von lebendigen Menschen. Besser als anders herum, überlegte sie. Wie wohl lebendige Stückchen von Toten aussahen? Sie hörte das Klicken der Hundekrallen auf dem Fußboden. Der Hund folgte ihr überallhin im Haus, verbreitete den Dreck ebenso schnell, wie sie ihn beseitigen konnte.

»Ab in deinen Korb, Süße.«

Der Hund ließ sich in den Korb sinken, seufzte, und schien erleichtert, daß er ihr nicht mehr ständig folgen mußte.

Sie warf einen Blick auf die Armbanduhr und runzelte die Stirn, als sie im Geist überschlug, wieviel Zeit ihr noch blieb und wieviel oben noch sauberzumachen war. Während sie den Staubsauger in die Diele zog, ging sie schneller. Die Treppe hatte es eigentlich nicht nötig, aber sie würde dafür nicht länger als ein paar Minuten brauchen. Warum sollte sie nicht rasch noch einmal darübersaugen, wenn sie schon hinaufstieg?

Aufstieg.

Wo war der Zusammenhang? Es gab eine Verbindung zwischen dem Wort und dem Schmerz. Zunehmend verbissener saugte sie jede Stufe und jeden Absatz, während irgend etwas in ihr an die Oberfläche drängte. Und dann war sie plötzlich am Ende der Treppe, ihr Kopf war immer noch leer, es war ihr einfach nicht eingefallen. Sie überlegte, ob sie zu ihrem eigenen Schutz ein Trauma unterdrückte, und ging weiter, aber da gab es einen Ruck. Das Staubsaugerkabel steckte immer noch unten in der Steckdose.

Erst beim Hinuntersteigen dämmerte ihr der Zusammenhang, während ihr Verstand vollauf mit der Frage beschäftigt war, wieviel wertvolle Zeit sie doch mit der Treppe verschwendet hatte, wo sie mit dem ersten Schlafzimmer schon halb fertig sein könnte. Als sie sich umdrehte, schlichen sich die Worte in ihr Bewußtsein.

Aufsteigendes Sternzeichen. Der Aszendent.

Eins der Kinder – es konnte nur Mark gewesen sein – hatte die Worte ins Haus gebracht. Es genügte nicht, hatte er ihr erklärt, wenn man nur sein Sternzeichen wußte. Um das wahre Selbst zu erkennen, mußte man auch den Aszendenten, das Zeichen herausfinden, das zum Zeitpunkt der Geburt am Himmel aufstieg.

Er besaß ein dickes Buch mit Tabellen und Diagrammen

und Kaffeeflecken und eingebrannten, kleinen schwarzen Löchern in manchen Seiten. Die Löcher irritierten sie. Manchmal wies seine Kleidung ähnliche Löcher auf, und sie fragte sich, ob sie irgend etwas mit astrologischen Ritualen zu tun hatten, ob sie vielleicht durch Räucherkerzen oder ein Brennglas entstanden waren. Noch halb in Gedanken darüber beantwortete sie all seine Fragen, wo sie geboren war und um welche Uhrzeit genau: Antworten, die sie sich aus den vagen Erinnerungen an die weitschweifigen Anekdoten ihrer Mutter zusammenstückeln mußte. Da hörte sie, wie er verkündete, ihr Aszendent sei Krebs.

Es war ein Schock. Es klang furchtbar. Allein das Wort hatte sie nie gemocht. Wenn sie ihr Horoskop las, war sie immer froh gewesen, keine von denen zu sein. Wie konnte man mit sich leben, wenn das eigene Schicksal an Krebs gebunden war?

»So was solltest du nicht sagen. Nie. Nicht mal aus Spaß.«

Natürlich erklärte er ihr lang und breit, daß es nichts mit der Krankheit zu tun hätte und daß Krebs von allen Sternzeichen Fürsorge und Geborgenheit symbolisiere und Grund dafür sei, daß sie so eine gute Mutter war und immer so versessen darauf, sie zu füttern, und alles in allem so liebenswert, und wie perfekt Krebs mit ihrem Sternzeichen harmoniere und aus ihr eine vollkommene Persönlichkeit mache, Yin und Yang und überhaupt.

Solche Worte spricht man besser niemals aus. Worte sind wie Samen, und die Samen des Krebses fallen gerade beim Arglosen auf fruchtbaren Boden. Sie verbreiten sich wie Sporen; unsichtbar wie Sternenstaub kommen sie daher. Manchmal reicht ein einziges Wort, sie vom Firmament herabzubeschwören, jene Samen der Zerstörung; ein kurzer Augenblick der Angst genügt ihnen zum Keimen. Mehr benötigen sie nicht. Für diese Eindringlinge ist der menschliche Körper ein Garten, der Boden bestellt und gedüngt und vom Unkraut befreit – und bereit. Eine unbedachte Äußerung, das Samenkorn fällt, und dann. Nun, ja.

Marks Zimmer war als erstes an der Reihe und am einfachsten. Es war erst kürzlich renoviert worden. Die Wände blaßblau, die Holzverkleidung hellbeige. Neue Lampen und Lampenschirme, ein neuer freundlicher Teppich, neugerahmte Bilder an den Wänden, strategisch so aufgehängt, daß sie die Unebenheiten im Putz verbargen. Im Vergleich zu früher war das Saubermachen jetzt ein Vergnügen. Mark hatte noch nie etwas wegwerfen können. Als er noch zu Hause gewohnt hatte, war es schon schlimm genug gewesen, aber in den zehn Jahren zwischen seinem Auszug und der Renovierung hatte er aus dem Zimmer eine Müllhalde gemacht. Jede Marotte, jede Phase seines Lebens war aus den vollgestopften Kartons unter dem Bett herausgequollen, hatte aus Schränken gedrängt und sich auf Regalen getürmt und bedenklich auf den Fensterbänken balanciert. Jede Zeichnung, die er auf der Kunstschule angefertigt hatte, und jedes Paar Schuhe, in dem er sich im Nachtclub Blasen getanzt hatte, jedes häßliche und unnütze Geschenk, das er jemals bekommen hatte, jeder Kaffeebecher mit abgebrochenem Henkel, der ihn an eine Nacht erinnerte, in der er dem Rätsel des Universums auf der

Spur war, jedes Musikinstrument, das er dann doch nicht spielen konnte, und die Ausrüstung einer jeden Sportart, an der er letztendlich das Interesse verloren hatte. Er hatte immer behauptet, er könne es nicht ertragen, alles wegzuwerfen, aber zum Schluß ging es dann doch ganz leicht.

Als es soweit war, geriet der Abschied von diesen Sentimentalitäten zu einer Art Ablenkung. Jede noch so kleine Handbewegung, die dazu diente, Erinnerungsstücke zu entsorgen, bot die Möglichkeit, an etwas anderes als den allgegenwärtigen Krebs zu denken. Die Renovierung war einfach notwendig. Kleine Ausflüge zum Eisenwarengeschäft und zum Tapetenladen verschafften eine willkommene Abwechslung von den Fahrten ins Krankenhaus. Ein Tränenausbruch ließ sich leichter verbergen, wenn man das Gesicht zur Wand drehen konnte, die man gerade anstrich. Das kleine Zimmer füllte sich mit Leuten, die alle unbedingt renovieren wollten, während der Krebs aus dem unteren Stockwerk aufstieg.

Der Schmerz hatte angefangen, nachdem die Worte ausgesprochen waren, davon war sie überzeugt. Dabei konnte sie nicht hundertprozentig sicher sein, weil der Schmerz ja nicht ihr eigener war, aber gespürt hatte sie etwas. Krebs im Aszendenten, hatte Mark gesagt, bedeutet, du kannst anderer Leute Schmerzen fühlen.

So also erklärte sich ein lebenslanges Unwohlsein. Ihr Unwohlsein. Die Krankheit von anderen. Der Schmerz in diesem Haus war ein lebendiges Etwas, damals, als das Zimmer gestrichen wurde. Bereits Monate zuvor war der Schmerz Realität geworden, Teil des aufsteigenden Krebses, gemischt mit der Angst und der Verzweiflung und der Frustration und dem heftigen Aufflammen von Hoffnung und den Mordgedanken, die jeder auslöste, der die anderen aufheitern wollte. Während das Zimmer renoviert wurde, hatte der Schmerz jede vergleichbare Empfindung, jedes Gefühl und jede Wahrnehmung überdeckt. Das Wort vom Aszendenten Krebs konnte nur noch hier aufgehen. Es gab keine andere Wahl, als zu ernten, was gesät worden war.

Eines der Kinder – es konnte nur Mark gewesen sein – wußte auch nicht mehr dazu zu sagen als alle anderen.

In ihrem Mundwinkel wollte sich jetzt immer ein Speichelbläschen bilden. Sie mußte ein Taschentuch bei sich tragen, damit sie es abtupfen konnte, bevor es jemand entdeckte.

Ohne größere Anstrengung beendete sie ihre Arbeit in dem renovierten Zimmer und wappnete sich innerlich für das Bad. Im Bad gab es Dinge, die man besser immer noch ignorierte. Der Geruch nach Medikamenten schien darin festzuhängen; Siechtum hing wie eine verwesende Ratte unter den Dielen. Im Lauf der Zeit hatte es im ganzen Haus nach Krankenstation gerochen. Der Gestank von Abführmitteln stieg ihr in die Nase, von reichlich verteiltem Desinfektionsspray, und mit dem Lappen in der Hand malträtierte sie die glasierten Kacheln. Unter ihrem heftigen Schrubben erzitterten die Spiegel, zeigten aber nichts. Sie sah jetzt nie ihr Spiegelbild, nur dieses Ding vor sich, nur die Oberfläche des Spiegels.

Sophies Zimmer kam als nächstes an die Reihe. Sophie, die Kluge, die die ganze Zeit so tat, als ob nichts von alldem geschah. Sophie, die so sehr geliebt hatte, daß sie, als das Objekt ihrer Liebe gegangen war, noch einmal ganz von vorn anfangen mußte; sich selbst von Grund auf neu erfinden mußte, ohne irgendwelche Orientierungshilfe außer dem genauen Abbild ihres früheren Selbst.

»Du bist so wütend, mein Kleines. Ich weiß, du vermißt deinen Vater.«

Sophie, die sich nicht zurückhielt und ihrer Mutter sagte, sie solle sich verpissen.

Sie tat sich schwer mit dem Saubermachen von Sophies Zimmer. Überall waren die unsichtbaren Mauern, die ihre Tochter in all den Jahren seit ihrer Geburt stumm errichtet hatte, Mauern, die erst der Krebs sichtbar gemacht hatte und die sich dann als unüberwindlich herausgestellt hatten. Wie soll man saubermachen, wenn man vor lauter Tränen den Schmutz nicht sieht? Eine Zeitlang schlug sie blind auf den Staub ein, dann ging sie und schloß die Tür hinter sich.

Die größte Herausforderung von allen Kinderzimmern war schon immer Peters Raum gewesen. Sein Chaos besaß das Ausmaß von jemandem, der einen geradezu provozierte, ihn nicht mehr zu mögen, und dennoch darauf baute, daß man ihn immer lieben würde, ohne Einschränkung. Sein Durcheinander war das Chaos des Nesthäkchens in der Familie, das nie hinter jemand Jüngerem hatte aufräumen müssen, das Chaos von jemandem, den man nie gedrängt hatte, erwachsen zu werden. Für Peter sauberzumachen bescherte ihr für kurze Zeit eine freudige Erregung, dabei hätte es sie eigentlich erschöpfen sollen.

Und dann fielen ihr die Worte ein, die alles ins Rollen gebracht hatten. Es lag nur daran, daß ihr aufsteigendes Sternzeichen Krebs war, nur deswegen sorgte sie so gern für alle. Ein Zufall bei ihrer Geburt, der nichts mit der Größe ihrer Liebe zu tun hatte. Auch wenn sie das nicht wollte, es ergab Sinn. Wäre sie unter einem egoistischeren Sternzeichen geboren, hätte sie vielleicht ihren Verstand eingesetzt, um ihre Familie gut zu versorgen, aber so war sie nicht mehr als die Verkörperung eines astrologischen Schicksals. Jetzt waren ihre Babys erwachsene Männer und eine erwachsene Frau. Indem sie sie großzog, hatte sie sie vernichtet. Durch ihre Fürsorge waren sie größer und größer geworden. Weil ihr Aszendent Krebs war, war jetzt alles zerstört.

Alle Liebe hatte sich in einen Schmerz verwandelt, den sie ertrug. Alles, was ihr Mann für sie bedeutet hatte, der ihr Halt gegeben und ihrem Leben Trost gespendet hatte, hatte sich in einen schaudernden Blick in den Abgrund des Todes verwandelt. Wäre er nicht getötet worden, hätten einige Dinge vielleicht irgendwie noch einen Sinn ergeben. Wäre er immer noch im Haus anwesend, würde sie möglicherweise die Abwesenheit ihrer Kinder nicht so stark spüren.

Einmal, im Supermarkt, hatte sie eine ältere Frau beobachtet, die ihren zurückgebliebenen erwachsenen Sohn an der Hand führte. Beide lächelten. Damals hatte sie sich nichts dabei gedacht, aber das Bild war ihr oft in den Sinn gekommen. Manchmal ertappte sie sich dabei, daß sie sich etwas wünschte, etwas, für das sie einen Gott um Vergebung bat, an den sie kaum glaubte. Weiter konnte sie nie denken. Eine vernünftige Frau und solche Wünsche – ebensowenig konnte sie den Schmerz ihrer unerfüllten Liebe verdrängen, der in ihr aufstieg.

Während sie all das dachte, war sie in dem Raum angelangt, der einmal das gemeinsame Schlafzimmer gewesen war. Das Staubsaugerkabel in der einen und das Staubtuch in der anderen Hand stand sie da und starrte auf sein Bild. Es war nicht ihr Lieblingsfoto, und manchmal fragte sie sich, warum sie gerade dieses an ihr Bett gestellt hatte. Vielleicht weil es zu den Fotos gehörte, auf denen er sich selbst am ähnlichsten sah.

Immer, wenn sie in dieses Gesicht auf dem Foto schaute, stieg dieselbe Frage in ihr auf. Wer hatte ihn umgebracht? Wer, war die einzige Frage, die noch übrigblieb. Sie kannte das Was und das Wo und das Wie. Das Warum lag jenseits menschlicher Erkenntnis – das hatte sie selbst in ihrem größten Schmerz begriffen. Aber es mußte ein Wer geben, oder etwa nicht? Gab es da nicht immer diese Szene, wo sich die Darsteller im Salon versammelten, der Mörder überführt und reiner Tisch gemacht wurde? Möglicherweise gab es in diesem Fall keinen Mörder im herkömmlichen Sinn, aber er hätte gerettet werden können, todsicher. Und wenn jemand gerettet werden kann, und *sie tun es nicht*, ist das nicht auch eine Form des Tötens? Was lernten diese Ärzte eigentlich die ganze Zeit? Was erwartete man von ihnen, womit sollten sie sich die Achtung der Gesellschaft verdienen? Warum bauten sie überhaupt Hospitäler? Warum bezahlte man Krankenschwestern?

Was passierte mit dem vielen Geld, das an den Straßenekken in scheppernden Blechdosen für den Sieg über den Krebs gesammelt wurde? Es roch nach Betrug. Irgend jemand hatte ihn sterben lassen, hatte ihnen nicht das Geheimnis verraten, wie man den Krebs überwand. Irgend jemand mußte verantwortlich sein.

Das war gefährliches Terrain. Ein Terrain, das sie in der Nacht abschritt, in jeder Nacht, erst auf der einen Seite, dann die andere, auf der Suche nach der kühlsten Stelle auf dem Kopfkissen. Beginnen, wieder und wieder, beim Anfang; jedes Wort eines jeden Arztes gründlich analysieren, jede Fehldiagnose und jeden verschobenen Untersuchungstermin, jedes Symptom, das die Schwindler im weißen Kittel beiseite wischten. Sodbrennen, Magenverstimmung, Verstopfung, Einbildung, alles außer Krebs. Krebs wurde nie erwähnt, erst als er sich in seinem ganzen Körper ausgebreitet hatte, ganz nach oben gestiegen war und in seinem Gehirn aufblühte. Und die ganze Zeit über hätten sie Marks dickes Buch mit den kleinen schwarzen Brandlöchern aufschlagen können; mit den Fingern die Tabellen absuchen und die Worte aussprechen können, aufsteigender Krebs.

Haß ergriff Besitz von ihr, Haß auf irgend jemanden in einem weißen Kittel, der verantwortlich gewesen war.

Entweder hatte sie sehr lange Zeit vor dem Bild verbracht oder sie waren früh gekommen, denn die Türglocke läutete und sie hatte das Zimmer noch nicht saubergemacht. Während sie sich umschaute und sich vergewisserte, daß es auch so ging, stopfte sie das Staubtuch in ein

Nachtschränkchen, beförderte den Staubsauger mit einem Tritt in den Kleiderschrank, kontrollierte ihr Gesicht im Spiegel auf Schmutzspuren – was sie sah, war nicht ihr Gesicht, sondern lediglich eine Bestätigung dafür, daß kein Schmutz da war – und beeilte sich, vor dem zweiten Klingeln die Tür zu öffnen.

Die Leute machten wirklich einen netten Eindruck. Sie murmelten nette Bemerkungen über ihr Haus; registrierten kleine persönliche Eigenheiten. Sie bewunderten, was sie aus dem Garten gemacht hatte: die leuchtenden Narzissen und das zarte Geißblatt. Natürlich waren sie darauf bedacht, nichts zu sagen, was den Preis in die Höhe treiben konnte, und ihre Komplimente klangen oberflächlich, aber dafür mußte man Verständnis haben. Sie schauten sich taktvoll, aber gründlich um und zeigten dabei echtes Interesse. Ohne unnötig in ihren Sachen herumzustöbern, blickten sie in alle Einbauschränke, um zu sehen, wieviel Platz sie boten. Zum ersten Mal hatte ihr der Makler Leute vorbeigeschickt, gegen deren Einzug in ihr Haus sie keine Einwände hatte. Außerdem war es eine junge Familie, eine wachsende Familie: zwei Kinder und noch eins unterwegs. Sie waren geradezu dafür geschaffen.

Als sie gingen, blieb der Makler zurück und sagte, er sei ganz sicher, sie würden ein Angebot machen.

Minuten später klingelte das Telefon. Es war Mark, er sagte Bescheid, daß er und Sophie und Peter sich gerade auf den Weg zum Zug machten. Sie sollte sie in drei Stunden auf dem Bahnhof abholen. Es kam nicht oft vor, daß alle drei am selben Wochenende nach Hause fahren konnten, aber in den letzten Monaten hatten sie sich besondere Mühe gegeben. Mark fragte sie, wie es ihr ging, und sie erzählte ihm, daß sehr nette Leute sich gerade das Haus angesehen hätten und wahrscheinlich ein Angebot machen würden. Mark meinte, das seien phantastische Neuigkeiten und das Wochenende würde ja gut anfangen.

Sie hörte sich selbst sagen: »Ich muß es mir noch mal überlegen.«

Es war eine Weile still am anderen Ende der Leitung, und dann wiederholte Mark, was er über die geplante Ankunft in drei Stunden gesagt hatte. Dem Klang seiner Stimme nach hatte er sie so verstanden, als wollte sie das Haus nun doch nicht verkaufen. Alles, was sie gesagt hatte, war, daß sie es sich noch mal überlegen mußte.

Dabei war es sicher richtig gewesen, den Rat aller Leute zu befolgen und neu anzufangen. Die Differenz zwischen dem Verkaufspreis des Hauses und der Kaufsumme eines kleineren würde sie finanziell absichern. Sie könnte bequem von dem leben, was sie verdienen würde, wenn sie in ihren alten Beruf zurückkehrte. Gleich nach dem Begräbnis hatte sie sich nicht vorstellen können, weiter in dem Haus zu wohnen; es überschwemmte einen geradezu mit unerträglichen Erinnerungen, die ein Sterben ohne Würde nun mal mit sich bringt; Anblicke und Geräusche und Gerüche, die kein Fremder ausgehalten hätte, die aber den geliebten Menschen aufgezwungen wurden, obwohl sie schon verzweifelten über den Kummer, der ihnen bevorstand.

Wer wäre da nicht in Versuchung geraten, zu einem neuen Leben in einem Haus ohne Erinnerungen fortzulaufen? Eins der Kinder – es konnte nur Mark gewesen sein – hatte behauptet, die Zigeuner würden die Wohnwagen ihrer Toten verbrennen, mit allen Besitztümern des Verstorbenen darin. Im Endstadium des Krebses hatte diese Vorstellung etwas Verlockendes.

»Was ist mein absteigendes Zeichen?«

Sie sprach zu dem Hund, der sich ganz gegen seine Gewohnheiten versteckt hatte, solange die Fremden im Haus gewesen waren, und ihr jetzt wieder überallhin folgte, die feuchte Nase in ihren Kniekehlen. Was wußte der Hund, warum hatte er beim Eintreffen der Besucher nicht gebellt, hatte sie nicht wachsam beschnüffelt, als sie durch die Tür kamen, und war nicht um sie herumscharwenzelt, als sie gingen? Veränderten sich schon die Grenzen seines Reviers?

Sie dachte an das Schlafzimmer oben, das sie noch nicht so saubergemacht hatte, wie es sich ihrer Meinung nach gehörte, dachte, daß sie sich ihm besser stellen sollte. Nur, damit sie selbst zufrieden war. Die Kinderzimmer waren fertig. Spielte es überhaupt eine Rolle, wenn sie in ihren eigenen Augen als Schlampe dastand? Und dann wurde ihr klar, daß sie heute nacht unmöglich in einem schmutzigen Schlafzimmer schlafen konnte, sie würde aufstehen und putzen, und die Geräusche könnten eins der Kinder aufwecken.

Irgend etwas brachte sie dazu, die Fäuste zu öffnen und sich ihre Handflächen anzuschauen. Als sie die roten Eindrücke sah, da, wo sich ihre Fingernägel in das Fleisch gegraben hatten, wußte sie, was dieses Etwas gewesen war: Mittlerweile war sie so an Schmerz gewöhnt, an Schmerz jeglicher Art, daß es schon mehr brauchte, damit sie ihn überhaupt noch spürte.

Jedenfalls gab es in ihrem eigenen Schlafzimmer nicht viel zu tun. Ein bißchen Staub mußte bewältigt werden, das war's schon. Sie schüttelte die Kissen auf und öffnete eine oder zwei Schubladen. Was sollte aus all den Möbeln werden, wenn sie in ein kleineres Haus zog?

Die Kinder erklärten jedesmal, sie solle sich bloß keine Umstände mit dem Abendessen machen, und sie tat es trotzdem immer. Das wußten sie, und sie würden Hunger haben. Peter hatte immer Hunger, egal, wann er das letzte Mal etwas gegessen hatte. Er war eben in diesem Alter. Keins der anderen war jemals in diesem Alter gewesen, aber Peter war es. Beim Hereinkommen würde er schnurstracks zum Kühlschrank gehen und den Kopf hineinstecken. Sie hatte gelernt, die Lebensmittel in den Fächern dementsprechend zu sortieren: verführerische Leckerbissen wie Fleischpasteten und Tomaten und übriggebliebene Kartoffeln in Blickhöhe, alles andere, was sie für eine zukünftige Mahlzeit aufheben wollte, kam nach hinten, am besten durch irgend etwas Unappetitliches im Rohzustand gut getarnt.

Jetzt, in der Küche und in Gedanken an das Abendessen, blickte sie auf und stellte sich Peters große Gestalt in der Kühlschranktür vor. Er war so gewachsen, als würde er irgendwann einmal aus dem Haus platzen. Wie würde sie ihn in ein kleineres hinein bekommen? Für die anderen war gesorgt, denen konnte es egal sein, sie besaßen ihr eigenes Zuhause, aber Peter studierte noch. Sein Zuhause war bei ihr, auch wenn er so wenig Zeit hatte, daß er kaum da war. Was mußte sie sich noch alles anders überlegen?

Sie bereitete zwei Quiches vor und Kartoffelsalat. Ihre Küche erwachte zu neuem Leben. Wenn sie sich selbst etwas kochte, schien sie die Küche nie ganz auszunutzen; nie hinterließ sie ein richtiges Durcheinander, das aufzuräumen lohnte. Sie verlor Gewicht und hatte gerade noch soviel auf den Hüften, wie es bei der Art Mahlzeiten möglich war, die man für eine Person kochte. Oder auch nicht kochte. Woher sollte sie ohne den Appetit der anderen die Motivation nehmen, eine Mahlzeit aufzutischen?

Ihre Schwester rief an und meinte, je eher desto besser.

»Ich muß es mir noch mal überlegen.«

Ihre Schwester sagte, das allein sei schon Grund genug, das Haus so schnell wie möglich zu verkaufen. Die Härte einer solchen Äußerung ließ ein Schweigen zwischen ihnen entstehen, deshalb erzählte sie ihrer Schwester eine lange Geschichte über den Klempner, der vergangene Woche dagewesen war. Sie hatte ihrer Schwester das alles schon einmal erzählt, in mehr oder weniger denselben Worten, aber alles war besser als dieses schreckliche Schweigen.

Irgendwie dauerte das Telefongespräch fast eine Stunde, obwohl nicht viel gesagt wurde, und dann mußte sie sich beeilen, die Quiches in den Backofen zu schieben, damit sie gerade rechtzeitig fertig waren, wenn sie sich auf den

Weg zum Bahnhof machte. Als sie die Backofentür geschlossen hatte, kam ihr das Haus furchtbar still vor, deshalb stellte sie beim Abwaschen das Radio an und hörte zu, wie sie ihr vom Krieg erzählten und wie furchtbar es für die Flüchtlinge war. Zwischen den Kriegsberichten kamen andere Beiträge, bei denen man sich fragen konnte, was so etwas überhaupt in den Nachrichten zu suchen hatte. Eine Frau ging nach Neuseeland, um da zu heiraten. Sie war sechsundachtzig. Beachtlich, aber eine Nachricht von nationaler Bedeutung? Vielleicht versuchten sie, dem Krieg mit leichterem Zeug etwas entgegenzusetzen. Wenn kein Krieg war, gab es solche aufmunternden Nachrichten nie.

Und Krieg oder nicht, immer gab es etwas über Krebs. Medikamente gegen Krebs und Prominente mit Krebs und Geschichten über den heldenhaften Kampf gegen den Krebs. Erst als der Krebs schon im Haus war, hatte sie wahrgenommen, wie viel darüber berichtet wurde. Manchmal fragte sie sich, wie eine Gesellschaft überhaupt weiter existieren konnte mit all dem Krebs, der sie bedrohte: wo nahmen die Leute die Zeit und Energie her, sich mit anderen Dingen zu beschäftigen? Sie trocknete sich die Hände und betrachtete sie und überlegte, wer als nächster an der Reihe war.

Heute brachten die Nachrichten zum Thema Krebs, daß ein Mann gestorben war, an Krebs. Es handelte sich um einen Schauspieler, von dem sie noch nie gehört hatte. Hätte sie die Nachrichten im Fernseher verfolgt, hätte sie ihn vielleicht an seinem Gesicht erkannt.

Da war noch was. Für das Abendessen der Kinder gab es noch etwas vorzubereiten. Sie stand vor dem geöffneten Kühlschrank und blickte hinein. Da lag ein Taschenkrebs. Ein orange schimmernder Panzer. Sie hatte ihn heute früh gekauft, ohne darüber nachzudenken, einfach, weil die Kinder gern Krebssalat mochten und ihn schon lange nicht mehr gegessen hatten.

Sie zertrümmerte den Panzer mit dem kleinen Hammer aus der Küchenschublade, und tat dabei dem Krustentier nicht halb soviel Gewalt an, wie sie es vielleicht gern getan hätte – bei allem, was es symbolisierte. Schlug man zu fest, konnte es passieren, daß man die Seepocken ins Krebsfleisch trieb. Oder sie brachte es fertig, daß ihr ein Splitter des Panzers ins Auge sprang oder ein Glas zerbrach. Sie beschäftigte sich lange mit dem Krebs, zog auch noch das kleinste Stückchen Fleisch aus dem kleinsten Bein, dann hackte sie Kapern und Schalotten und Petersilie zu einer feinen Mischung für das Krebsfleisch; mahlte Pfeffer und preßte Zitronen, bis der Saft unter ihren Fingernägeln brannte. Schließlich war der fertige Krebssalat eine komprimierte und keimfreie Angelegenheit. Sie schnupperte und zog mit der Luft einen Hauch von angebranntem Teig ein, eilte zum Backofen und zog die Quiches gerade noch rechtzeitig heraus. Und wenn die Quiches fertig waren, mußte es höchste Zeit für den Zug sein. Sie brauchte gar nicht erst auf die Uhr zu schauen und erledigte alles, was nötig war, um so schnell wie möglich aus dem Haus zu kommen: Schlüssel, Mantel, Schuhe, Rauchmelder aktivieren, Fenster schließen, Hund beruhigen. Sie wollte auf keinen Fall später kommen als unbedingt nötig, deshalb eilte sie nur noch einmal zurück, um zu kontrollieren, ob sie auch nichts vergessen hatte, damit das Haus in ihrer Abwesenheit nicht bis auf die Grundmauern niederbrannte.

Vor dem Bahnhof standen ihre Kinder im gelben Licht der Straßenbeleuchtung. Sie warteten in einer Reihe, aber nicht ungeduldig. Es war nicht ungewöhnlich, daß sie sich verspätete. Peter, der Jüngste, war der größte von den dreien, er überragte die anderen, so daß die ganze Gruppe von weitem eher wie ein Vater mit seinen Kindern aussah als ein Kind mit seinen älteren Geschwistern. Und er hatte einen Körperbau, der dem seines Vaters nicht unähnlich war.

Aus dieser Entfernung wies nichts darauf hin, daß auch nur eins der Kinder unglücklich war. Immer, wenn sie alle wohlbehalten sah, erfüllte sie eine unvergleichliche Zufriedenheit. Sie am Telefon zu hören war nicht dasselbe: sie mußte sich persönlich von ihrem Wohlergehen überzeugen.

Als sie vorfuhr, und die Kinder ihr Gesicht hinter der Windschutzscheibe des Wagens erkennen konnten, lächelte sie.

Die Dunkelheit war pechschwarz, als sie vor dem Haus hielten, jedenfalls schien es so, nachdem sie die Scheinwerfer ausgeschaltet hatte. Mark warf einen Blick zum Himmel, während er sein Gepäck aus dem Kofferraum holte, und machte eine Bemerkung, daß die Sicht in der Stadt nie so klar sei. Sie sah hoch, und der Himmel war voller Sterne. Sie blickte direkt in das Sternbild des Krebses über dem

Dach ihres Hauses, zwischen Löwe und Zwilling, unterhalb und etwas rechts vom Großen Bären. Aber das wußte sie nicht, dachte auch nicht daran, und war nur glücklich, auf etwas so Schönes wie die Sterne zu schauen, in einer frischen Vorfrühlingsnacht im Kreis ihrer Kinder.

Während die Kinder aßen, machte sie Feuer im Kamin, und dann wurde der Fernseher eingeschaltet, und man versammelte sich im Wohnzimmer. Sophie griff sich die Zeitung, um sich das Fernsehprogramm anzuschauen, und nahm beiläufig eine Handvoll Nüsse aus der fünffach unterteilten Knabberschüssel. Die Zeitung war noch so gefaltet, daß das Horoskop zuoberst lag, und Sophie machte eine abfällige Bemerkung über die Art Zeitung, die ihre Mutter gekauft hatte, und fragte, wie man den ganzen Mist glauben konnte, der darin gedruckt war.

Mark erklärte, Horoskope seien schon in Ordnung.

Da waren ihr bereits vor Müdigkeit die Augen zugefallen, wie immer in dem Moment, wenn sie sich abends hinsetzte. In ihrem Bett, wohin der Schlaf eigentlich gehörte, konnte sie kaum einschlafen und in Gesellschaft, wo der Schlaf nichts zu suchen hatte, fiel es ihr schwer, wachzubleiben. Und jetzt hatte sich das vorher so leere Zimmer wieder mit ihren Kindern belebt, und sie fühlte sich fast trunken von ihrer Anwesenheit, und der Klang ihrer Stimmen wiegte sie in den Schlaf, egal, ob sie nun einer Meinung waren oder nicht.

Sophie sagte gerade, daß es nicht in Ordnung sei, gutgläubigen Leuten Lügen aufzutischen, und wenn man solche Mistblätter wie dieses hier nicht lesen und die Mistpolitiker nicht wählen würde, die diese Mistblätter unterstützten, hätte das Land vielleicht ein anständiges Gesundheitssystem und ihr Vater wäre noch am Leben.

Sie gab sich Mühe, bei dieser Anklage nicht zusammenzuzucken oder sonstwie zu verraten, daß sie alles mitbekommen hatte. Sie konnte spüren, wie Mark ihr nach dem Ausbruch seiner Schwester einen besorgten Blick zuwarf, und hörte, wie er ihr zuzischte, sie solle sich nicht wie eine unsensible Hexe aufführen. Seine Stimme ging fast in den Lachern der Quizsendung im Fernsehen unter. Eine Zeitlang sagte niemand mehr etwas, aber alle schauten zu ihr hin.

Die Worte waren gefallen und mußten überdacht werden. Und wer war nun genau beschuldigt worden? Wer hatte getötet? Sie hatten sich nie besonders für Politik interessiert und schon immer diese Zeitung gelesen, weil sie nie das Gefühl hatten, dadurch manipuliert zu werden. Natürlich hatten sie so gewählt, wie die politische Linie der Zeitung nahelegte. Sie hatten so gewählt, damit sie ein gutes Leben führen konnten, wenig Steuern zahlen mußten und mehr für das Wohlergehen ihrer Kinder zurücklegen konnten. War das falsch?

Wer hatte ihn getötet? Sie war müde und nur noch halbwach, auch wenn sie so tat, als ob sie bereits tief und fest schliefe. Nur mit Mühe gelang es ihr, die Anschuldigung bis zum Ende zu durchdenken. Soweit sie selbst etwas dazu beigetragen hatte, fiel es ihr ganz leicht; in den letzten Wochen hatte sie viele Möglichkeiten entdeckt, sich die Schuld zu geben, aber sie verbot sich den Gedanken, ob er sich das

Geschehene irgendwie selbst zuzuschreiben hatte. Hätte einer von ihnen gewußt, was passieren würde, wäre ihr ganzes Leben möglicherweise anders gewesen, nicht nur ihre Zeitung und ihre kleine Stimme bei einer großen Wahl.

Sie konnte hören, wie Peter das Zimmer verließ, dem Klang seiner Schritte nach ging er geradewegs in die Küche. Sie wußte, er würde den Kühlschrank öffnen und den Kopf hineinstecken, die Käsestückchen aufessen und den großen Zeigefinger in das Chutney-Glas tauchen. Sie hörte, wie Mark Sophie zuflüsterte, daß sie sich die Sache mit dem Haus noch mal überlegen wollte, und sie hörte Sophies mißbilligendes Schnalzen. Für Sophie war es am schlimmsten, nach Hause zu kommen und mitten in all den Erinnerungen zu sitzen.

Der Schlaf wollte sie überwältigen. Schon bald würde ihr Mund offenstehen. Das wußte sie noch, weil die Kinder sie in dieser würdelosen Position fotografiert hatten, als sie noch jünger und grausamer gewesen waren. Dann, wenn sie nach einem langen Tag erschöpft zusammengesunken war, den sie ganz in der Erfüllung der Pflichten verbracht hatte, die ihr Aszendent ihr auferlegte.

Im Raum entstand Bewegung. Sophie und Mark standen von ihren Sesseln auf und kamen zu ihr aufs Sofa, setzten sich rechts und links an ihre Seite und stützten sie. Peter kehrte zurück, hockte sich zu ihren Füßen auf den Boden und lehnte den Rücken an ihre Schienbeine. In der Luft hing ein schwacher Essiggeruch, und sie hörte, wie er sich geräuschvoll über ein Glas eingelegter Zwiebeln hermachte. Sie ließ die Augen geschlossen, aber der Schlaf wurde noch gezügelt durch das wohlige Gefühl, von den Kindern gehalten zu werden.

Auf einmal spürte sie etwas Merkwürdiges auf ihrer Haut, als ob Staub auf sie herabrieseln würde. Morgen würde sie früh aufstehen und Staub wischen, noch bevor die Kinder herunterkamen. Sie mochten es nicht, wenn sie im Haus herumwirtschaftete. In diesem Zimmer würde sie die Fenster öffnen müssen, damit sich die verqualmte Luft verzog, weiß der Himmel, was die Kinder rauchten, nachdem sie ins Bett gegangen war. Sie wollte nicht danach fragen.

Sacht wie der Staub legte sich Schlaf auf sie. Ein tiefer Schlaf, wie sie ihn schon lange nicht mehr hatte genießen können. Kurz ging ihr der Gedanke durch den Sinn, daß sie etwas anpacken mußte, aber sie wußte jetzt, sie hatte alles angepackt, und alles war hinfällig geworden und spielte keine Rolle mehr. Die Zeitung hatte sich in jeder Hinsicht geirrt. Alles, was sie brauchte, war ein sicherer Ort, einer wie der, an dem sie sich jetzt befand, ein Nest inmitten ihrer Kinder. Ja, sie mußte es sich noch einmal überlegen, und den Überlegungen würden weitere folgen und diesen wieder neue, denen sie nun erwartungsvoll entgegenblikken konnte.

Im Schlaf spürte sie Staub vom Firmament fallen, aus den Gestirnen; aus dem Sternbild zwischen Löwe und Zwillingen, den Großen Bären zu ihren Füßen. Der Krebs stieg ab.

Aus dem irischen Englisch von Jürgen Bürger

Die Autorinnen und Autoren

Jan Eik (*»Ein typischer Krebs«*) wird am 16. August 1940 als Löwe, Aszendent Widder in Berlin geboren. Aus ihm wird später ein Studio-Assistent und Diplom-Ingenieur beim Rundfunk. Schon früh packt ihn »die Graphomanie«, seit 1975 fast ausschließlich in krimineller Richtung. ›Der siebente Winter‹, ›Besondere Vorkommnisse‹ und ›Ausschreibung für einen Mord‹ gehören zu seinen Erfolgen. Seine Preise: Der Handschellenpreis und der Berliner ›Krimifuchs‹. Eik leidet als typischer Löwe unter leichtem Mähnenausfall und zeigt seinem Sternzeichen daher literarisch die kalte Schulter. Der Autor ist der Meinung, daß die Astrologie der dialektisch-materialistischen Weltanschauung widerspricht und man daher ruhig an sie glauben kann.

Eigentlich ist **Andrea C. Busch** (*»Nach Diktat ver*eist*«*) selbst schuld. Am 22. Juni 1963 kommt sie in Darmstadt elf Tage nach dem errechneten Geburtstermin zur Welt. Daher lebt sie heute nicht als Zwilling, sondern als Krebs mit Aszendent Steinbock. Durch die wilde Mischung aus einer Zwillingsmutter, einem Löwevater und einer Jungfrau-Schwester spielt die um 21 Uhr geborene Busch gern mit den Klischees rund um die Sternzeichen. Sie betrachtet die Astrologie als Orientierungshilfe, auch wenn sie mit Zeitungshoroskopen nichts anfangen kann. Seit 1993 arbeitet Busch als freiberufliche Autorin, Herausgeberin und Übersetzerin. Zu den von ihr verfaßten oder herausgegebenen Büchern zählen ›Mord stinkt zum Himmel‹, ›Mord zwischen Messer und Gabel‹ und (zusammen mit Almuth Heuner) ›Bei Ankunft Mord‹.

Als jüngstes von sieben Kindern kommt **Stella Duffy** *(»Die Frau im Mond«)* am 2. März 1963 um 4 Uhr 30 in der Früh in London zur Welt. Mit einem Löwen im Aszendenten gesegnet, wandert die Fischfrau früh nach Neuseeland aus und beginnt dort eine Karriere als Schauspielerin. Zurück in London schreibt und schauspielert die Frau mit dem Stern im Namen und liest fast täglich ihr Horoskop. Duffy nimmt die Prophezeiungen der Sterne ernst, solange sie positiv ausfallen. Noch mehr als an die Sterne glaubt sie jedoch an die Stärke des menschlichen Geistes, der jede Widrigkeit bezwingen kann – einschließlich derer des Himmels. Ihre größten Erfolge: ›Septemberfrau‹ und ›Herzlos. Ein fieses Märchen vom ewigen Glück‹.

Saskia Betula *(»Die Morde des Doktor Eder«)* ist eine waschechte Wiener Krebsfrau mit Sensibilität und Eigensinn. Am 23. Juni 1946 um 22 Uhr zur Welt gekommen, studiert sie in der ehemaligen Kaiserstadt und arbeitet seit Anfang der neunziger Jahre freiberuflich als Schriftstellerin. Sie selbst bewegt sich in ihrem Leben als Krebs nicht nur vorwärts, sondern naturgemäß auch rückwärts. Außerdem wäre sie gerne mit berühmten Krebsen wie Chagall oder Saint-Exupéry verwandt. Betula findet nichts dabei, ihre Wünsche und Ängste auf die Sterne zu projizieren.

Verena Mahlows *(»Johannisfest«)* Kopf hält sie davon ab, der Astrologie wirklich Glauben zu schenken. Trotzdem ist sie verblüfft, wie sie als typischer Krebs dazu neigt, herumzukrebsen und einen Schritt nach vorn mit zweien zurück zu verbinden. Die promovierte Germanistin arbeitet als Journalistin, Übersetzerin, Kurzgeschichten-, Roman- und Drehbuchautorin und lebt in den USA, Frankreich, Italien und auf Ibiza. Die am 28. Juni 1958 kurz vor Mitternacht Geborene veröffentlicht unter anderem ›Ein Mann für den Dreizehnten‹ und erhält den 1. Preis des Frauengeschichtenwettbewerbs des Gustav-Lübbe-Verlags und den Limburg-Preis für Kurzgeschichten. Heute lebt und arbeitet Mahlow in Mainz.

Um nicht sofort als Schriftsteller erkannt zu werden, legt sich **Frank Ronan** zunächst eine Existenz als professioneller Reiter zu. Das Leben des Stiers besteht in der Folge aus einer Serie von katastrophalen Beziehungen in Schottland, Frankreich, England und Irland, die in der Retrospektive zu Literatur werden. Nachzulesen unter anderem in ›Dixie Chicken‹, ›Der Mann, der Evelyn Cotton liebte‹ und

›Picknick in Eden‹. Ronan gewinnt 1989 den Irish Times Literature Prize und entscheidet sich bei den *Astrokrimis* mit der Krebsgeschichte *»Krebs im Aszendenten«* für das Zeichen seines Aszendenten. Für den am 6. Mai 1963 in Dublin Geborenen ist Astrologie – ob wahr oder nicht – das erste Refugium für Törichte.

Die Herausgeberinnen

Ursprünglich als Jungfrau geplant, zieht **Thea Dorn** intuitiv ein doppeltes Feuerzeichen vor und kommt – vier Wochen zu früh – am 23. Juli 1970 in Offenbach zur Welt. Die Löwefrau mit Aszendent Schütze geht nach dem Abitur ins antarktische Südgeorgien, um dort das Verhalten der Kaiserpinguine zu erforschen. Später arbeitet sie als Dozentin für Philosophie an der Freien Universität Berlin und hält Seminare zu Fragen der modernen Ethik und Ästhetik. Sie veröffentlicht die Kriminalromane ›Berliner Aufklärung‹, ›Ringkampf‹ erhält den *Marlowe* und für ›Die Hirnkönigin‹ den Deutschen Krimipreis 2000. Ihr Theaterstück ›Marleni‹ wird im Januar 2000 in Hamburg uraufgeführt. Nach einem für Feuerzeichen typischen anfänglichen Skeptizismus nähert sich Dorn durch die intensive Arbeit an den *Astrokrimis* der Weisheit der Sterne. »Seit ich weiß, daß fast kein Krimiautor Fische ist, schaue ich bei manchen Menschen genauer hin.«

Als die Sonne am 13. August 1966 über dem Rhein am höchsten steht, erblickt **Uta Glaubitz** in Bad Godesberg das Licht der Welt. Als nicht ganz umgängliche Mischung aus Löwe mit Aszendent Skorpion wächst sie in Köln auf und beginnt, sich für den FC, Kölsch und Karneval zu interessieren. Glaubitz studiert Philosophie, Anglistik und

Chaostheorie und unterstützt heute als Berufsfindungsberaterin andere darin, ihren Traumjob zu finden. Sie gibt Seminare, veranstaltet Konferenzen und veröffentlicht unter anderem den Bestseller ›Der Job, der zu mir paßt‹. Ihr Verhältnis zur Astrologie konzentriert sich vor allem auf die Beschäftigung mit schwierigen Konstellationen. Glaubitz ist der festen Überzeugung, daß man nur lange genug in der Kneipe sitzen muß, um auch die letzten Geheimnisse der Astrologie aufzuklären.

Als Waage mit Aszendent Krebs wird **Lisa Kuppler** am 7. Oktober 1963 im schwäbischen Eßlingen geboren. Während eines vierjährigen USA-Aufenthalts studiert sie amerikanische Geschichte und Literatur und schließt mit einem Magister in amerikanischer Umwelt- und Frauengeschichte ab. Sie entdeckt ihre Liebe zu Hollywoodkino und Populärkultur, zu Trash, Camp und Star Trek. Ihr Mars im Skorpion prädestiniert sie zu einer Karriere im *hard boiled* Krimigeschäft. Sie arbeitet als Lektorin von Krimi-Reihen und widmet sich der Neuübersetzung von Altmeister Mickey Spillane. Kuppler glaubt, daß die Astrologie ein magisches Ordnungssystem der menschlichen Wesensarten ist, das heute durch laienpsychologische Deutungen völlig verwässert wird. Die passionierte Kampfsportlerin lebt in Berlin-Mitte. Daß die nach eigenen Angaben typische Waage sich privat wie beruflich mit Löwefrauen umgibt, schreibt sie einem abstrusen Winkelzug der Astrologie zu.